引进版职业院校精品教材

汽车电控发动机构造与维修

QICHE DIANKONG FADONGJI GOUZAO YU WEIXIU

赖瑞海 主编

人民交通出版社
China Communications Press

内容提要

本书首先详细介绍汽油喷射控制所需的主要零件（电脑、传感器、执行器）的原理、构造及作用，有助于读者对各种喷射系统的迅速了解；接着叙述汽油喷射系统的分类，让读者明了各种不同的汽油喷射方式，遇到不同的喷射发动机时，能轻易的分辨出是属于哪种喷射系统；最后针对单点与多点喷射系统进行详细的说明，并介绍OBD的由来及内容。

本书适合作为职业院校汽车专业的教材，也可供相关从业人员学习使用。

图书在版编目（CIP）数据

汽车电控发动机构造与维修 / 赖瑞海主编. —北京：
人民交通出版社，2011.9
引进版职业院校精品教材
ISBN 978-7-114-09203-9

Ⅰ.①汽… Ⅱ.①赖… Ⅲ.①汽车—电子控制—发动机—构造—职业教育—教材 ②汽车—电子控制—发动机—车辆修理—职业教育—教材 Ⅳ.①U472.43

中国版本图书馆CIP数据核字（2011）第114976号

引进版职业院校精品教材

书　　名：汽车电控发动机构造与维修	作　者　赖瑞海
著作者：赖瑞海	出版者　全华图书股份有限公司
责任编辑：戴广超	http://www.chwa.com.tw
出版发行　人民交通出版社	原著于2009年10月发行
地　　址：(100011)北京市朝阳区安定门外外馆斜街3号	《本书中文简体字版由台湾全华图书股份有限公司独家授权，仅限于中国内地出版发行，不含台湾地区、香港特别行政区、澳门特别行政区》
网　　址：http://www.ccpress.com.cn	
销售电话：(010)59757973	
总 经 销　人民交通出版社发行部	
经　　销　各地新华书店	
印　　刷　北京市密东印刷有限公司	有著作权·侵害必究
开　　本：787×1092　1/16	
印　　张：11.25	本书版权登记号：图字：01-2011-5640号
字　　数：213千	
版　　次：2011年9月　第1版	
印　　次：2016年1月　第2次印刷	
书　　号：ISBN 978-7-114-09203-9	
定　　价：32.00元	

（有印刷、装订质量问题的图书由本社负责调换）

编者序

一、目前，汽油发动机在燃料供给、点火、怠速等方面多采用电脑控制，化油器装置早已成为历史，甚至单点汽油喷射系统的发动机都不多见，几乎都是搭配多点汽油喷射系统；且已从汽油发动机的集中控制，发展到与变速器传动系统以及底盘各种系统的综合控制。

二、现今应用汽油发动机为汽车动力的，全部都是采用电脑控制汽油喷射装置，包括目前最受瞩目的丰田汽车公司混合动力系统，以及许多汽车公司采用的缸内汽油直接喷射系统。因此，对现代汽油喷射装置的认识与了解，是大家学习汽车时必须掌握的知识。

三、第1章——电脑、传感器与执行器。首先直接切入汽油喷射装置的核心部分，大篇幅介绍汽油喷射系统最重要的零部件——电脑、传感器与执行器，三者集中在一章作新颖且详细的说明。读者通过对它们的分类、功能、构造及作用的了解，对以后迅速理解学习各种喷射系统有极大的帮助。

四、第2章——汽油喷射系统概述。主要说明各种喷射系统的分类，共分七大项二十三类，涵盖不同类型、控制方式、安装位置、数量、喷射方式、压力及模式等，让读者对各种喷射系统能有全面的了解。

五、第3章——单点汽油喷射系统。20世纪90年代曾风行一时。由于本系统具有其特点及优势，因此本章以博世 Mono-Jetronic系统为主做介绍，可以让读者比较出与多点汽油喷射系统的差异。

六、第4章——多点汽油喷射集中控制系统。现代汽油发动机采用最普遍。本章针对进气系统与汽油供应系统的零件，如节气门体、进气歧管、怠速控制阀、电动汽油泵、汽油脉动缓冲器、压力调节器、喷油器等做详细的说明；详述了ECM对喷射正时、喷射量、点火时间、怠速、汽油泵、汽油切断、冷气切断、散热器冷却风扇、EGR、EVAP等的控制，以及自我诊断、故障安全及备用等功能。全章内容与第1章搭配，是本书的精华部分。

七、第5章——车上诊断(OBD)系统。介绍OBD的由来、目前的应用情况以及将来的设计重点，让读者明白什么是OBD及其产生发展的全过程。

八、第6章——汽油喷射系统检修。内容为FLUKE98Ⅱ综合测试器的使用及汽油喷射系统的检修，对读者进一步掌握汽油喷射装置具有很大帮助。

九、本书内容若有词句不清、疏忽之处，请各界专家学者来信zueihai@yahoo.com.tw指正，不胜感激！

编者
2011年6月

目录 CONTENTS

第1章 电脑、传感器与执行器

1.1 概述 2
1.2 电脑 2
1.3 传感器 19
1.4 执行器 57

第2章 汽油喷射系统概述

2.1 汽油喷射系统的发展过程 70
2.2 汽油喷射系统的优点 72
2.3 汽油喷射系统的分类 72

第3章 单点汽油喷射系统

3.1 概述 88
3.2 汽油供给系统 89
3.3 获取各种工作信息 92
3.4 信息处理及控制 94
3.5 Mono-Motronic系统 96

第4章　多点汽油喷射集中控制系统

4.1　概述..102
4.2　进气系统..105
4.3　汽油供给系统..114
4.4　ECM的各种控制功能..127

第5章　车上诊断（OBD）系统

5.1　OBD-Ⅰ系统..148
5.2　OBD-Ⅱ系统..151
5.3　OBD-Ⅲ系统..155

第6章　汽油喷射系统检修

6.1　FLUKE 98 Ⅱ综合测试器的使用..160
6.2　汽油喷射系统检修..164

第1章

电脑、传感器与执行器

- 1.1 概述
- 1.2 电脑
- 1.3 传感器
- 1.4 执行器

1.1 概　　述

（1）要达到完全的控制，必须先将各传感器产生的信号送入电脑，经运算比较后，输出信号给各执行器，以达到最精确的控制结果。

（2）现代汽油发动机各系统的控制已全面电脑化，从汽油喷射、点火、排气、可变气门正时与扬程、可变进气及增压等，都已采用电脑控制。

（3）部分传感器送出的信号，其实不是只有一个系统采用。例如，一般介绍汽油喷射的书籍，一定会提到曲轴位置传感器，此传感器信号除作为控制汽油喷射外，也用来控制点火、排气、可变气门正时与扬程等。故本章将统一介绍各种装在发动机上的传感器，其他各章中除非必要，则不再单独说明。

（4）执行器也将在本章中介绍，让电脑控制系统从输入、处理到输出，完整地在本章中体现。

1.2 电　　脑

一、概述

1. 电脑的功能

（1）电脑具有下述的功能。

①接收大量的数据或信息（Data or Information），将数据中的模拟信号（Analog Signals）转为数字信号（Digital Signals）。

②由所得到的数据，进行数学计算及各种逻辑（Logical）运算。

③依运算结果，输出控制信号。

（2）以丰田电脑控制系统（Toyota Computer Controlled System，TCCS）的EFI电脑为例说明，如图1-1所示。

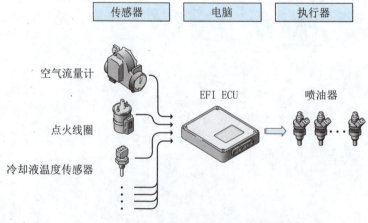

◆ 图1-1　EFI ECU的功能

①各种数据，如发动机的进气量、发动机转速、发动机冷却液温度等，由各传感器（Sensors）转换为电压信号后，送给EFI ECU。

②所有数据经计算后，ECU决定何时送出喷射信号给各喷油器，及信号送出时间有多长等。

③送出喷射信号给各执行器（Actuators），即信号送给各喷油器（Injectors）。

2. 电脑的名称

（1）电脑（Computer）的名称有很多种，名称上较混乱，实际上的标准称呼应为：

①微电脑（Microcomputer）。

②电子控制单元或电子控制器（Electronic Control Unit, ECU），简称控制单元（Control Unit, CU或C/U）。

③控制模块（Control Module）。

④微控制器（Microcontroller）。

（2）汽车上各系统及装置所用的电脑，除了以上的称呼外，另外还有许多不同的命名或采用方法。

①目前，采用最多的是在Control Module的前面再加上一个英文单词，如发动机控制模块（Engine Control Module, ECM）、动力传动控制模块（Power train Control Module, PCM）、车身控制模块（Body Control Module, BCM）、自动变速器控制模块（Transmission Control Module, TCM）等。

②现在还有许多是在ECU的前面加上该系统或装置的名称，如发动机ECU、ABS/TCS ECU、A/C ECU等。

③而德国博世公司不论任何系统或装置的电脑，全部都统称为ECU。

3. 电脑的安装位置

（1）车用主要电脑多置于仪表板下方，以避免高温、湿气及振动的影响，但也有电脑置于座椅下、发动机舱或行李舱等处。

（2）安装在发动机舱的电脑，如点火系统ECU或ABS ECU，虽然距离所要控制的装置非常近，但因为发动机舱内温度非常高，因此电脑内电路设计及材料与其他电脑不相同。

二、电脑的构造及各零件的基本功能

1. 电脑的构造

（1）电脑内部的构造，由微处理器芯片（Microprocessor Chip，或称IC）、定时器IC（Timer IC，或称时钟）、输入接口芯片（Input Interface Chip）、输出接口芯片（Output Interface Chip）、输出驱动器（Output Drivers）、放大器芯片（Amplifier Chip）、存储器芯片（Memory Chips）及插座（Harness Connector）与外壳（Housing）等组成，如图1-2所示。

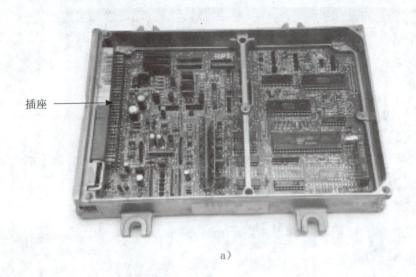

a)

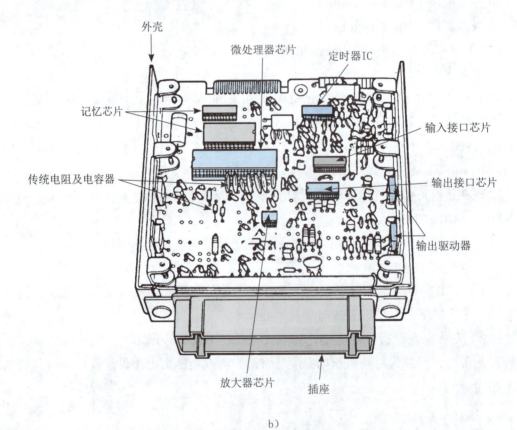

b)

◆ 图1-2 电脑的构造

（2）电脑内部各主要零件间的信息传递，以及电脑与外部输入/输出装置的连接，如图1-3所示。其中，输入装置的曲轴位置传感器系采用霍尔效应式，如果采用磁电式曲轴位置传感器，则其输出为模拟信号。

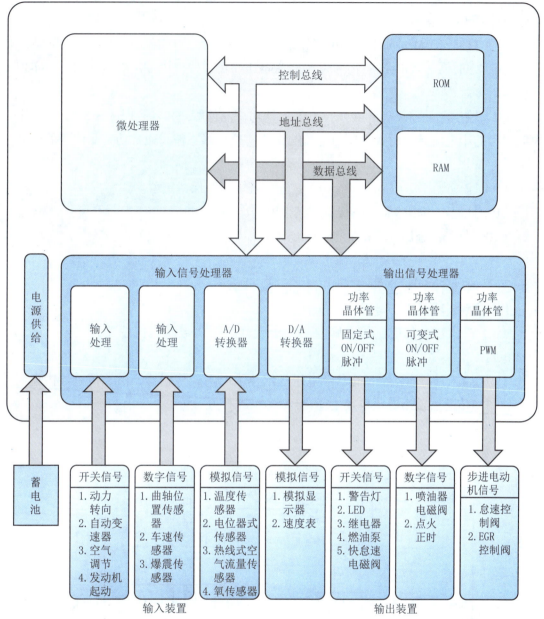

◆ 图1-3 电脑内外各主要零件的连接

2. 电脑内各主要零件的基本功能

（1）参考电压调节器（Reference Voltage Regulator）：提供较低的稳定电压给电脑及传感器，常见的参考电压值为5V。

（2）放大器（Amplifiers）：提高传感器输入信号的电压，以供电脑使用。

（3）转换器（Converter）：或称调节器（Conditioner）、接口（Interface），将传感器的模拟信号转换成为数字信号以供电脑使用；或将电脑的数字信号转为模拟信号，以供执行器工作。

（4）微处理器（Microprocessor）：又称中央处理单元（CPU），是IC芯片，替电脑做计算（Calculations）或决定（Decisions）。

（5）存储器（Memory）：是IC芯片，替微电脑储存资料或程序，并可写入资料。

（6）定时器（Timer）：又称时钟（Clock），IC装置产生一定的脉冲信号，实现与电脑同步。

（7）输出驱动器（Output Drivers）：即功率晶体管（Power Transistors），利用电脑输出的小电流转换为大电压与电流输出，使执行器工作。通常功率晶体管的消耗功率在0.5W以上。

（8）印刷电路板（Circuit Board）：连接各零件及保持定位。

（9）插座：与传感器、执行器及其他电脑连接。

（10）外壳：金属外壳以保护各个电子元件。

三、电脑内各主要零件的构造及作用

1. 参考电压调节器

（1）提供较低的电压给电脑内的电子元件及一些被动式传感器，此电压必须非常稳定。

（2）如图1-4所示，5V的参考电压送给热敏电阻式传感器，由于传感器内电阻的变化，使传感器输出电压也发生变化。

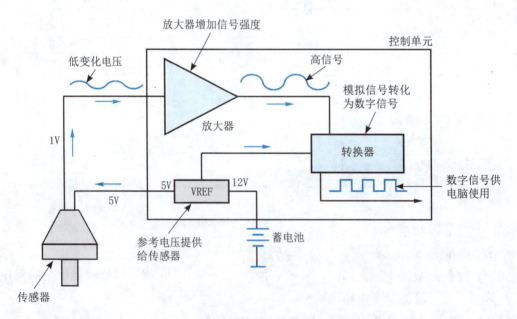

◆ 图1-4 参考电压送给热敏电阻式传感器的作用

2. 放大器

（1）增强送入电脑内变化的信号，例如氧传感器，产生低于1V的电压，同时有微量电流流动，这种信号在送至微处理器之前，必须先放大。

（2）放大作用由电脑内放大器芯片的放大电路实现，信号放大后，电脑更易于判断并处理，如图1-5所示。

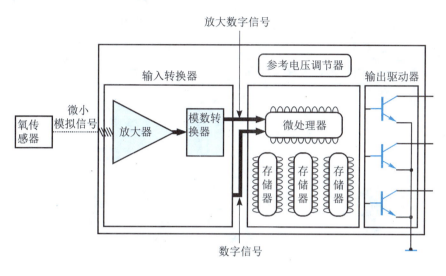

◆ 图1-5 放大作用

3. 转换器

1）信号的种类

（1）模拟电压信号（Analog Voltage Signals）。

①模拟电压信号会在一定范围内做连续的变化，汽油发动机的电脑控制系统中，大多数的传感器都是产生模拟电压信号，例如各种温度传感器、磁电式传感器等，其电压变化都不是突然升高或降低，而是进行连续的变化。

②例如使用变阻器（Rheostat）来控制5V灯泡的亮或暗，就是模拟电压的例子，如图1-6所示。变阻器电压低时，少量电流流过灯泡，灯泡亮度暗淡，如图1-6 b）所示，相当于送出弱信号；当变阻器电压高时，大量电流流过灯泡，灯泡亮度明亮，如图1-6 c）所示，相当于送出强信号。

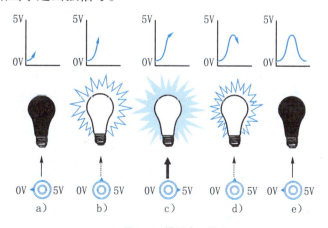

◆ 图1-6 模拟电压信号

（2）数字电压信号（Digital Voltage Signals）。

①将一个普通的ON/OFF开关与5V灯泡连接，当开关处于OFF位置时，灯泡电压为0V，灯泡不亮；当开关处于ON位置时，5V电压送至灯泡，灯泡点亮。开关送出的信号为0V或5V，使电压信号为低或高，如图1-7所示。这种电压信号如同数字信号，当开关迅速接通、断开时，方波（Square Wave）数字信号从开关送至灯泡。一般方波的工作周期（Duty Cycle）都固定在50%。

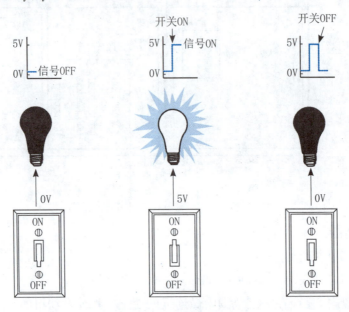

◆ 图1-7　数字电压信号

②汽车电脑中的微处理器，包含有极大数量的微小开关，能在每秒内产生许多数字电压信号，用来控制各种执行器的工作。微处理器能改变开关接通、断开时间的长短，以达精确控制的目的，如图1-8所示。开关接通时间的宽度，称为脉冲宽度（Pulse Width），脉冲宽度占一个周期的比率，就称为工作周期。

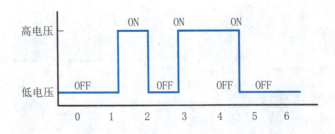

◆ 图1-8　时间可变的数字电压信号

③在低数字信号处指定一个值为0，而在高数字信号处指定另一个值为1，即称为二进制数（Binary Code，二进制码、双码）信号，如图1-9所示。汽车电脑系统的信息是以二进制数形式的数字信号传送。

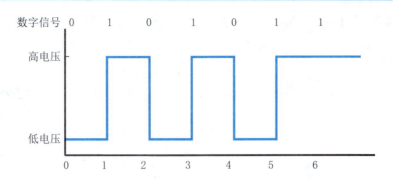

◆ 图1-9 二进制数信号的数字电压信号

2）频率、周期、振幅及工作周期

（1）频率（Frequency）。

①所谓频率的概念，是指波形（Wave）或脉冲（Pulse）从正到负或从ON到OFF变化速度的快慢。具体而言，频率是指在1s内完整的周期（Cycle）的重复次数；每秒一个周期，被称为1Hz。频率是以Hz（赫兹）为单位。

②例如我国台湾地区的家庭用电为110V 60Hz，表示所用的交流电压，每秒有60个周期的连续变化。

③高频率波形较陡峭，波形会迅速上升及下降，而低频率波形较和缓，波峰与波峰间的距离较大，如图1-10所示。

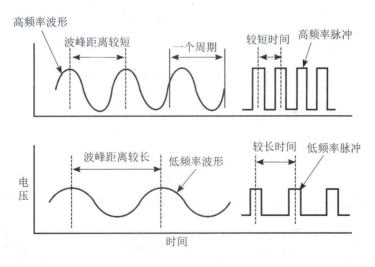

◆ 图1-10 高、低频率波形的差异

（2）周期（Period）。

①所谓周期，就是一个完整的循环所需的时间。通常信号的周期是以秒（s）计，例如10s周期信号的频率（f）为

$$f = \frac{1\text{周期}}{10\text{s}} = 0.1\text{Hz}$$

又如600ms（Milliseconds），即0.6s周期信号的频率（f）为

$$f = \frac{1周期}{0.6s} = 1.67\text{Hz}$$

②周期（p）与频率成倒数（Reciprocals）关系，例如信号的频率为200Hz时：

$$p = \frac{1}{f} = \frac{1}{200\text{Hz}} = 0.005\text{s}$$

（3）振幅（Amplitude）。

①如图1-10与图1-11所示，可以看出，当波形高度较高时，经转换器转换后，其电压也较高。图1-11中有低振幅正弦波（Low Amplitude Sine Wave）与高振幅正弦波，所谓振幅，就是从零线到波峰间电压或电流的大小。

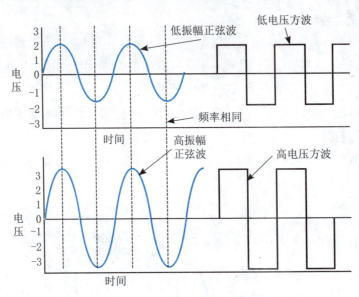

◆ 图1-11 振幅高低不同的差异

②同时从图1-11中也可看出，方波电压有低有高，但其频率是相同的，也就是其工作周期是固定在50%。

（4）工作周期（Duty Cycle）。

①所谓工作周期，是指在一个周期的时间中，ON所占时间（或脉冲宽度）的比率（Rate）。

②如图1-12所示，若A为10ms，B为10ms，则

$$工作周期 = \frac{A}{A+B} = \frac{10\text{ms}}{10\text{ms}+10\text{ms}} = \frac{10\text{ms}}{20\text{ms}} = 50\%$$

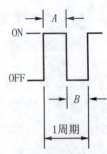

◆ 图1-12 1周期的工作时间比率

③每一周期中，ON的工作时间比率（Duty Ratio）小时，对常闭型的控制阀而言，阀（Valve）的开度会较小，所能通过的空气或燃油

较少；而当ON的占工作时间比率大时，则阀的开度会较大，所能通过的空气或燃油较多，如图1-13所示。

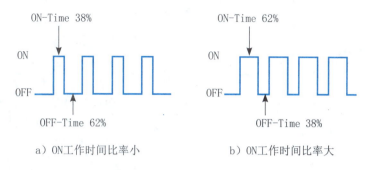

a）ON工作时间比率小　　　　b）ON工作时间比率大

◆ 图1-13　ON工作时间比率的大小

④不过，阀内柱塞（Plunger）因工作时间比率的不同，产生不同的线性位移量，不一定是用来控制流过阀的空气量或燃油量，要看用途而定。例如丰田VVT-i系统的凸轮轴正时油压控制阀（Camshaft Timing Oil Control Valve），也是采用工作周期控制（Duty Control），阀内柱塞不同的线性位移，是为了改变发动机机油的进、回油方向，以达到控制进气门提前或延迟打开的目的。

⑤由于ECM控制电子元件搭铁端或电源端的不同，ON-Time可能在上方或下方。如图1-13所示，为ECM控制电子元件的电源端，故ON-Time在上方；但大多数电子元件是采用搭铁端控制，故ON-Time在下方（0V），而OFF-Time在上方（5V或12V），如图1-14所示。

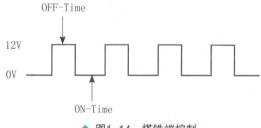

◆ 图1-14　搭铁端控制

3）转换器

（1）输入转换器。

①即模拟/数字转换器（Analog/Digital Converter），简称A/D转换器。

②A/D转换器用以处理传感器输入的数据或信号，使之能被电脑所使用。因大部分的传感器是产生模拟信号，是一种逐渐升高或降低的电压信号，而A/D转换器将模拟信号转换为0或1，OFF或ON，系为瞬间变化的数字信号，使之成为微处理器能读取并处理的资料，如图1-15所示。

③其作用为A/D转换器连续扫描输入的模拟信号，如节气门位置传感器（TPS）产生的电压，在节气门全关时为0～2V，全开时为4～5V，因此A/D转换器将TPS的电压值，0～2V指定为数字1，2～4V指定为数字2，4～5V指定为数字3，依不同电压值

指定其数字，再将数字转换为二进制数的数字信号，如图1-16所示。

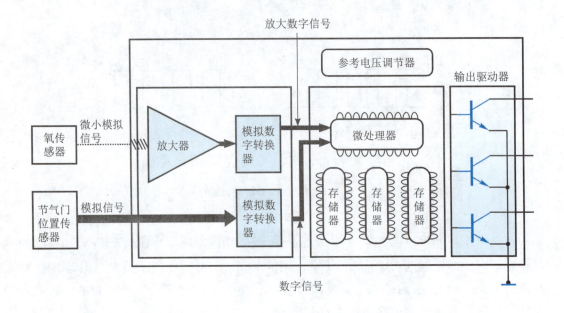

◆ 图1-15 A/D转换器的作用（一）

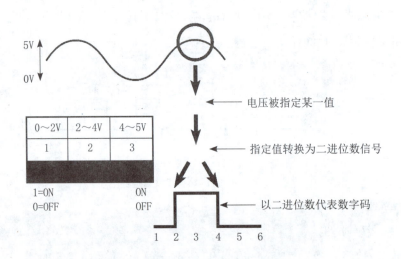

◆ 图1-16 A/D转换器的作用（二）

（2）输出转换器。

①将数字信号转换成模拟信号，使执行器产生作用。

②电脑送出的数字信号，有些不用转换成模拟信号，而是以数字信号直接使执行器作用，如图1-17所示为磁电式曲轴位置传感器，当转速慢时，模拟电压信号低，经电脑后，数字电压信号短，故喷油器喷油少；当转速快时，模拟电压信号高，经电脑后，数字电压信号长，故喷油器喷油多。

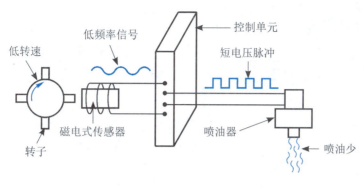

a)发动机转速慢时

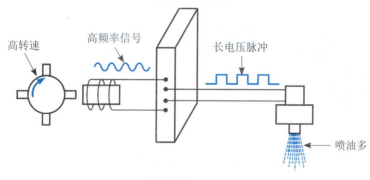

b)发动机转速快时

◆ 图1-17 电脑输出数字电压信号

4. 微处理器

1)设计

（1）微处理器在电脑内进行计算并做成决定，内含有数千个微小的晶体管及二极管，晶体管如同电子开关，进行ON/OFF作用。

（2）在微处理器内所有的微小元件蚀刻（Etched）在小如指尖的IC上，如图1-18所示，含有IC的硅芯片装在长方形的保护盒内，金属插脚从盒的四方延伸出来，插在电路板上。

a)

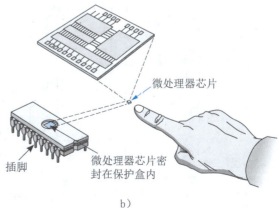

b)

◆ 图1-18 微处理器芯片

2)资料储存

(1)存储器内包含许多不同的位置(Locations),这些位置如同存放档案夹的档案柜,每一个位置含有一件资料。在每一个存储器位置指定地址(Address),这个地址就如同档案夹上的数字或文字编码,每一个地址写入二进制数,这些二进制数是以0开头的连续数字。

(2)当发动机运转时,电脑从各种传感器接收大量的资料,电脑可能不会立刻处理所有的资料。在任何瞬间状况,电脑必须做出各种决定时,微处理器会经指定的地址将资料写入存储器,如图1-19所示。

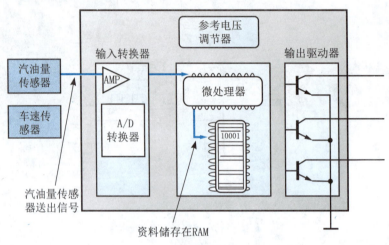

◆ 图1-19 微处理器将资料写入存储器

3)资料取出

(1)当从指定的地址要求所储存的资料时,存储器送出复制的资料给微处理器,例如要数字显示汽油存量时,微处理器从RAM读取汽油量资料,然后进行计算准备显示,如图1-20所示。资料是复制送出,原始资料仍在存储器地址内。

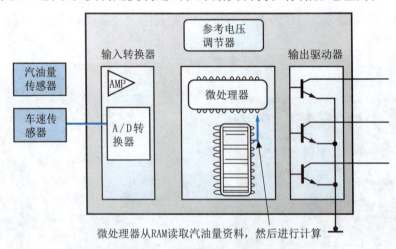

◆ 图1-20 微处理器从存储器读取资料

(2)例如存储器储存各种工作状况时理想空燃比的资料。各传感器通知电脑有关发动机与车辆的工作状况，微处理器从存储器读取理想空燃比数据，与各传感器输入数据比较后，微处理器会做出必要的决定，送出命令给输出驱动器（Output Drivers），使喷油器工作时间正确，提供发动机所需的精确空燃比。

5. 存储器

1）概述

（1）微处理器是微电脑的大脑，工作时必须与存储器连接，因存储器中储存有各种输入的数据，且具有告诉微处理器下一步该怎么做的指令。存储器就是用来储存二进制数形式的资料与程序指令。

（2）电脑可将新数据写入（Writing）存储器，以改变存储器内原有的数据，或者是能通过读取（Reading）的方式，从存储器获得数据。每一个存储器的位置都有一个特殊的地址，让CPU能找出所需的数据。图1-21所示为各种存储器的位置与基本功能。

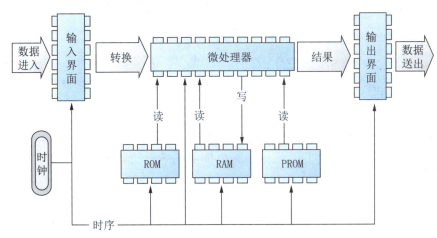

◆ 图1-21 各种存储器的位置及基本功能

2）存储器IC的分类

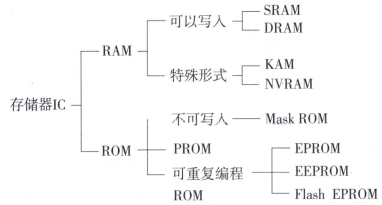

（1）RAM（Random Access Memory）。

① RAM称为读写存储器，又称随机存取存储器，属于易失存储器（Volatile Memory），即关掉电源后资料会消失。

②RAM为暂时储存数据的存储器IC，当微处理器需要时，可从RAM读取数据进行计算，并可将数据写入RAM暂时储存，可谓微处理器的笔记簿。当蓄电池接头拆开时，RAM内的资料均消除。

（2）ROM（Read Only Memory）。

①ROM称为只读存储器，属于非易失性存储器（Nonvolatile Memory），即关掉电源后数据可继续保存。

②ROM为可永久储存数据的存储器IC，即使将蓄电池接头拆开，ROM内的资料也不会消除。ROM内有基准表（Calibration Tables）与查寻表（Look-up Tables），基准表具有与车辆相关的一般资料，而查寻表具有车辆如何在理想状况下运转的标准数据。微处理器从ROM读取数据，与传感器输入的数据比较，经计算后进行修正，以提升车辆性能。

（3）SRAM（Static RAM）与DRAM（Dynamic RAM）。

①SRAM与DRAM称为静态RAM与动态RAM。

②DRAM的存储单元为一个电容器与一个晶体管所组成的存储元件，而SRAM使用两个反向器反向并联以保持存储，也就是DRAM存储1 bit的资料只要一个晶体管就够了，而SRAM则需要四个晶体管。

（4）KAM（Keep Alive Memory）。

①KAM称为活性存储器，是汽车电脑上使用的一种特有的存储器。

②KAM可暂时储存资料，微处理器能从KAM读取或写入资料。当点火开关OFF时，资料仍保存在KAM内，但当蓄电池电源接头拆开时，KAM内的资料会消除。

③KAM使电脑具有自适应能力（Adaptive Strategy），当系统中传感器有故障或损坏送出不正常信号时，KAM使电脑仍能维持车辆正常的性能，KAM甚至能不理会错误的输入信号，以保持驱动能力（Driveability）。例如，当氧传感器表面积炭而送出不正确信号时，KAM发觉后会送出正确的输出信号给喷油器，以维持可接受的空燃比。

④当损坏的传感器、执行器或其他零件被更换时，车辆可能会发生发动机怠速不稳定或动力输出不良等现象，必须行驶6～8km，让KAM"学习"新装上的传感器，修正原来错误的输入信号，将KAM内资料更新为良好传感器的资料，并使发动机性能恢复正常。

（5）NVRAM（Nonvolatile RAM）。

①NVRAM称为非易失性RAM。

②部分汽车电脑会采用NVRAM，当蓄电池接头被拆开或蓄电池失效时，NVRAM内的资料不会消失。

（6）Mask ROM。

①Mask ROM称为掩模型ROM，为资料固定化的ROM。

②掩模型ROM在IC制造阶段，就将使用者所要求的资料写入非易失性存储器内。

由于芯片不需要写入的功能,因此构造上适合大容量化。

(7)PROM(Programmable ROM)。

①PROM称为可编程ROM,微处理器能从PROM读取,但不能写入资料。

②有些书籍将PROM归类为ROM的第一次变形,车用电脑依情况会使用PROM或使用第二次变形的EPROM、第三次变形的EEPROM与第四次变形的Flash EPROM等更新的存储器IC。

③由于有车型大小、质量、发动机型式、变速器形式、齿轮比等多种组合,而电脑所做的许多决定必须配合这些不同的变化,因此,汽车制造厂使用某些形式的发动机基准单元(Engine Calibration Unit),基准单元是具有每一种汽车特殊资料的芯片,例如汽车质量会影响发动机的负荷,故必须依质量将适合的点火正时程序写入芯片。现代汽车制造厂可能有超过100种不同车辆形式,但只使用少于12种不同的电脑,因此必须采用适用于每一种车辆的发动机基准单元,又称为PROM。有些PROM是可拆换的,图1-22所示为GM汽车所采用的ECM与可拆换式PROM。

④以GM汽车所采用的电脑为例,要更换点火或燃油的程序时,可用专用的拆卸工具将PROM拆下,换上不同或升级版的PROM,如图1-23所示;若PROM芯片是电路板的一部分时,则无法轻易取下或更换。不过在修配零件市场(Aftermarket)的多种PROM,都能被安装或更换,以修正、改良排气或驱动能力。

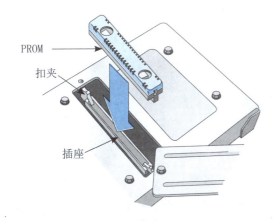

▶ 图1-22 ECM与可拆换式PROM

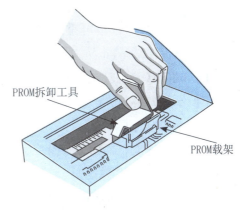

▶ 图1-23 使用特殊工具拆卸PROM

⑤电子元件如PROM芯片,会被高压静电破坏其敏感的电子电路,因此在处理电脑时,切勿接触电脑的插座端子、电路板,以及图1-24所示的可拆换式PROM芯片的插脚等。

⑥另一种改变发动机基准单元内资料的方法,就是EEPROM,这种芯片可

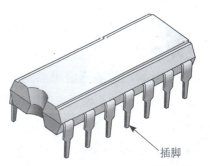

▶ 图1-24 勿接触PROM芯片的插脚

由输入特别的代码（Code Number）再编程，写入的新资料会覆盖旧资料。汽车制造厂所提供的资料，由汽车经销商利用网络、磁盘、光盘等，下载新的程序进入汽车电脑，可修正排气或驱动能力等问题。

（8）EPROM（Erasable Programmable ROM）。

①EPROM是可重复编程ROM的一种，称为可擦除可编程ROM，或可擦除PROM，为可以重复写入的非易失性存储器IC。

②要擦除及再编程EPROM时，必须先将EPROM从电路板上拆下，并置于紫外线下20min，进行擦除工作后再输入新资料，即紫外线消除后再写入，故又称为UV EPROM。如果EPROM是焊连在电路板上时，要更改不同资料时，必须更换电脑。

③EPROM芯片的外壳上附有石英玻璃窗口，以利紫外线消除工作。但为防止EPROM芯片资料被意外消除，通常会密封在小空间内或用胶带覆盖。

（9）EEPROM（Electronically Erasable Programmable ROM）。

①EEPROM为可重复编程ROM的一种，称为电可擦除可编程ROM，或电可擦除PROM，是以电压消除后再写入的非易失性存储器IC。

②EEPROM不必拆下，且免除UV擦除动作所需的时间，现今汽车制造厂已逐渐以车用扫描器（Scanner）进行EEPROM内资料的更新，这种方法速度快，又可节省如PROM或EPROM的拆装时间。

（10）Flash EPROM。

①Flash EPROM也是可重复编程ROM的一种，称为快闪存储器，与EEPROM一样，都是用电来重写的非易失性存储器IC。

②Flash EPROM比EEPROM的优点：

a.单位面积的容量大。

b.擦除与编程速度快。

c.擦除一次完成，而EEPROM一次只能消除一个位元组。

6. 输出驱动器

（1）从电脑出来的5V电压信号，要直接驱动执行器时，其电压值太小，且电脑的输出电压有可能仅1~2V或更低，同时电流仅数毫安（Milliamps）；而一般的执行器工作电压为12~14V，电流为1.5A或更高。因此必须安装输出驱动器（Output Drivers），以小输入电流触发功率晶体管（Power Transistors）工作，得到大输出电流，使执行器正常工作。

（2）电脑内的输出驱动器是由许多晶体管组成，微处理器使输出驱动器工作，依次序控制各种执行器，如电磁线圈、继电器及显示器等工作，如图1-25所示。例如汽油喷射系统每一缸喷油器内都有一组电磁线圈，当微处理器通知输出驱动器使电磁线圈工作时，输出驱动器使喷油器电磁线圈线路搭铁，喷油器针阀因吸力打开而喷油，直至搭铁中断时才停止。

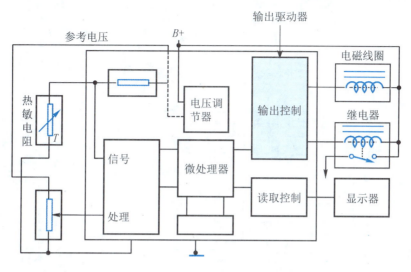

◆ 图1-25 输出驱动器的控制

（3）电脑控制冷却风扇的电路也是一样，当驱动器使电路上继电器的线圈搭铁时，继电器内接点因吸力而闭合，电流从蓄电池、接点送给冷却风扇电动机；当输出驱动器中断线圈的搭铁时，继电器内接点打开，冷却风扇电动机停止转动。

1.3 传 感 器

一、概述

（1）ECM监测及控制发动机的工作，以符合输出性能、排气及油耗等目标。因此必须连续监视或侦测发动机的各种工作状况，各传感器（Sensors）就是用来监视或侦测工作状况的装置，其输出信号送给ECM，做出决定后使执行器工作，如图1-26所示。本节中常会分别提到ECM、PCM或ECU，是因为资料来源不同的关系，其实都是代表发动机控制电脑的意思。

（2）各传感器的用途，是将车辆的许多工作状况，以模拟信号或数字电压信号方式送给电脑，如图1-27所示。大多数的资料通常是以模拟方式送出。

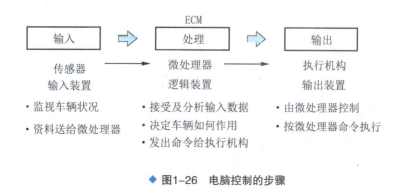

◆ 图1-26 电脑控制的步骤

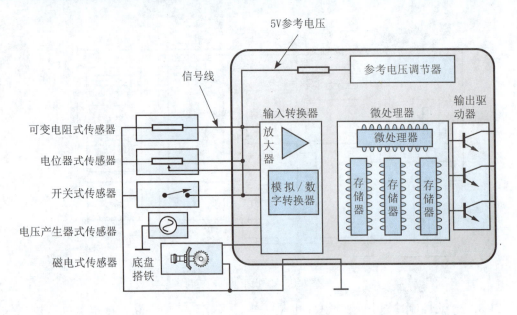

◆ 图1-27 各种不同传感器

◆ 二、传感器的分类

1. 概述

（1）在未详细说明各传感器前，本段先介绍各种传感器的分类，让大家先有明确的概念，使接下来的说明，会更清晰，更容易了解。

（2）传感器依其功能、构造及作用，可从两方面来分类。

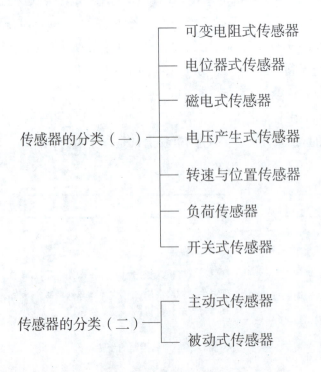

2. 可变电阻式传感器

（1）可变电阻式（Variable Resistor Type）传感器，当温度、压力等产生变化时，传感器内可变电阻的电阻值也随之变化。

（2）以发动机冷却液温度传感器为例，如图1-28所示，当冷却液温度升高时，电阻值降低，称为负温度系数（Negative Temperature Coefficient, NTC）型；反之，当冷却液温度、气温或油温升高时，电阻值也升高，称为正温度系数（Positive Temperature Coefficient, PTC）型。NTC型传感器使用很普遍，常作为：

①冷却液温度传感器。

②进气温度传感器。

③机油温度传感器。

④燃油温度传感器。

⑤ATF温度传感器。

⑥蓄电池电解液温度传感器。

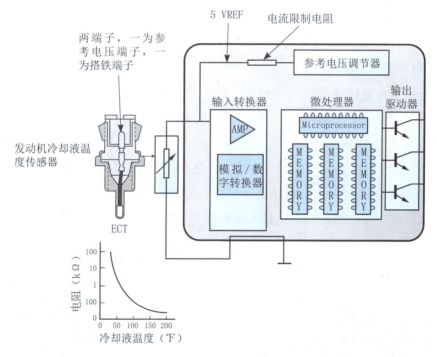

◆ 图1-28　可变电阻式传感器的使用

3. 电位器式传感器

（1）电位器式（Potentiometer Type）传感器，类似一个可变电阻器，由零件的移动而改变其电阻，将不同电压信号送给电脑，图1-29所示为节气门位置传感器，采用电位器式，有三条线，分别是5V参考电压线、信号线与搭铁线。部分书籍将电位器式传感器归类在可变电阻式。

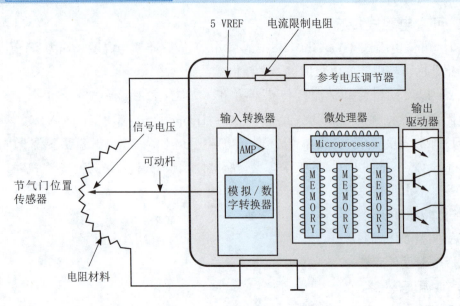

◆ 图1-29 电位器式传感器的使用

（2）电位器式传感器常作为：

①节气门位置传感器。

②加速踏板位置传感器。

③悬架高度位置传感器。

4. 磁电式传感器

（1）磁电式（Magnetic Type）传感器，是利用零件的转动，感应电流以产生电压信号送给电脑，以测定发动机转速、曲轴位置等，图1-30所示为发动机转速传感器，采用磁电式。磁电式传感器也是一种转速与位置传感器。

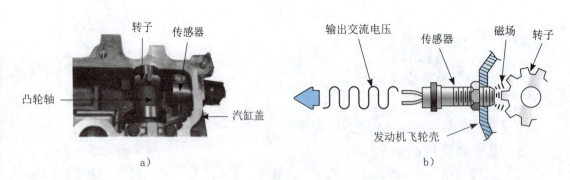

◆ 图1-30 磁电式传感器的使用例

（2）磁电式传感器常作为：

①发动机转速传感器。

②车速传感器。

③轮速传感器。

5. 电压产生式传感器

（1）电压产生式（Voltage Generating Type）传感器，是传感器本身能产生电压信号送给电脑。

（2）实际上，电压产生式传感器就是主动式传感器（Active Sensors），此种传感器有数种，但产生不同的电压，如磁电式为交流模拟电压，霍尔效应式则为数字电压。常用的电压产生式传感器有：

①磁电式传感器。

②霍尔效应式传感器。

③氧传感器。

④爆震传感器。

6. 转速与位置传感器

（1）转速与位置传感器（Speed and Position Sensors），一般常称为曲轴位置传感器（Crankshaft Position Sensor），其信号可用以计算发动机转速及侦测曲轴的特定位置。

（2）常用的转速与位置传感器有：

①磁电式传感器。

②霍尔效应式传感器。

③光电式传感器。

7. 负荷传感器

（1）负荷传感器（Load Sensors），可提供发动机负荷量的信号给电脑。

（2）常用的负荷传感器有：①MAP传感器。②MAF传感器可分为：翼板式；热线与热膜式；卡门涡流式。

8. 开关式传感器

（1）开关式（Switching Type）传感器，由传感器内电路的接通或切断将信号送给电脑。

（2）搭铁侧开关式传感器，如图1-31所示，用以侦测温度变化、压力变化及零件移动等，当开关闭合时，输出为0V；当开关打开时，输出为5V。

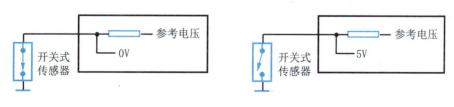

a）开关闭合时　　　　　　　　b）开关打开时

◆ 图1-31　搭铁侧开关式传感器的作用

9. 被动式传感器

（1）被动式传感器（Passive Sensor），即传感器本身无法产生电压信号，是由电脑提供通常是5V的参考电压（Reference Voltage），此电压因传感器内部电阻变化（或压力变化）而改变输出值。

（2）被动式传感器有：

①可变电阻式传感器。

②电位器式传感器。

③可变电容（压力）式传感器。

（3）可变电容（压力）式传感器[Variable Capacitance（Pressure）Sensor]。

①压力作用在传感器内陶瓷片（Ceramic Disc）上，由陶瓷片距离钢片（Steel Disc）的远近，而使电容产生变化，因此而改变输出的电压值，图1-32所示为发动机机油压力传感器（Engine Oil Pressure Sensor）的使用举例。

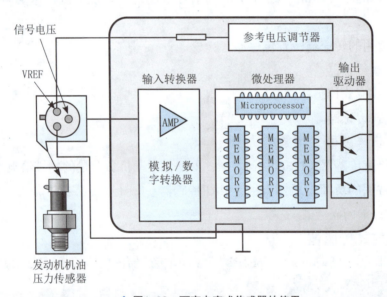

◆ 图1-32 可变电容式传感器的使用

②可变电容式传感器应用于：机油压力传感器；燃油压力传感器（Fuel Pressure Sensor）；大气压力传感器（Barometric Pressure Sensor）；增压压力传感器（Boost Pressure Sensor）。

◆三、各种传感器的构造及作用

1. 空气流量传感器

1）概述

（1）用以计测发动机进气量的流量传感器（Flow Sensors），称为空气流量传感器（Mass Air Flow Sensors），简称为MAF传感器，可直接计测空气流量。与非直接计测方法比较，具有较好的性能（Performance）、驱动能力（Driveability）及省油性（Economy）。

（2）另一种属于非直接计测空气量的传感器，称为歧管绝对压力传感器（Manifold Absolute Pressure Sensor），简称为MAP传感器，是以歧管压力与发动机转速来计算进气量。因这种传感器属于压力传感器，故不在本节中说明。少部分采用MAF传感器的车辆，仍有加装MAP传感器。

（3）MAF传感器的安装位置，如图1-33所示，由于其外形较小，因此不会是装翼板式的空气流量传感器。

a)

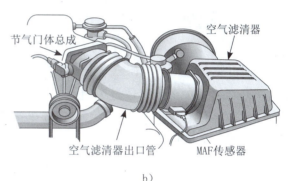
b)

◆ 图1-33 MAF传感器的安装位置

2）空气流量传感器的种类

3）翼板式（Vane Type）空气流量传感器

（1）概述。

① 发动机运转时，吸入的空气量克服螺旋弹簧的弹力，使翼板打开一定角度；发动机转速越快，翼板开度就越大。

② 翼板轴上有一随轴移动的可动接点，与电位器的可变电阻接触，当翼板开度不同时，电阻值大小也发生变化，使输出电压也产生变化，ECM由V_s的大小，即可计算出进气量。

③ 德国博世公司将采用翼板式的系统，称为L-Jetronic。

（2）翼板式空气流量传感器的构造及作用。

① 翼板式的构造，如图1-34所示。

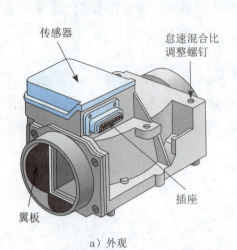
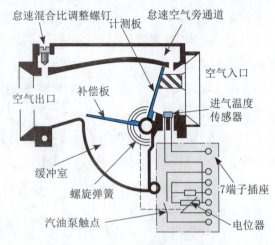

a）外观　　　　　　　　　　　b）内部构造

◆ 图1-34　翼板式空气流量传感器的构造

②缓冲室与补偿板，在进气量突然变化时，可防止翼板振动；旁通道上有怠速混合比调整螺钉，用来改变通过旁通道的空气量，以调整怠速时的混合比，使CO符合规定；汽油泵开关装在电位器内，当发动机运转翼板打开时，汽油泵开关闭合，当发动机熄火翼板关闭时，汽油泵开关打开，油箱内的电动汽油泵停止作用，此时即使点火开关在ON位置，电动汽油泵还是不会工作；因翼板式是侦测空气的容积流量，因此传感器内设进气温度传感器，来校正空气密度，以获得正确的空气量计量。

（3）翼板式空气流量传感器的缺点。

①电位器为移动式接点，容易磨损及耐久性差。

②包括缓冲室等，整个传感器所占空间大，质量增加，不符合小型轻量的原则。

③翼板增加进气道的压力降（Pressure Drop），使容积效率降低。

4）热线（Hot Wire）式空气流量传感器

（1）概述。

①热线式为感热（Thermal）式的一种，不论是哪种设计，其基本概念为加热细线（Wire），然后当空气流过细线时，对流（Convection）将热带走，以电子电路计算电流的大小，转换为电子信号，即可依比例算出空气流量。

②控制电路可供给固定电流（Constant Power）给热线，或者是使热线保持在周围温度以上一定值的固定温度（Constant Temperature）型，后者由于温度补偿方便，故较常被采用。

③德国博世公司将采用热线式的系统，称为LH-Jetronic。

④热线式空气流量传感器的分类：

热线式空气流量传感器的分类 ── 主流计测法
　　　　　　　　　　　　　　　└ 分流计测法

（2）热线式空气流量传感器的构造及作用。

①主流计测法传感器，如图1-35所示，热线与进气温度传感器均在主流道内，电子电路设于传感器上方，铂（又称白金）制热线仅数毫米（Millimeters）长，约70μm厚。分流计测法传感器，如图1-36所示，热线与冷线（Cold Wire）均在分流道内，热线与冷线均是以铂线绕在陶瓷制圆柱体上，并涂上防腐蚀材料；冷线依进气温度的高低而改变其电阻的大小，故热线式能修正因空气温度变化所造成空气密度的影响，因此能直接计测空气质量。

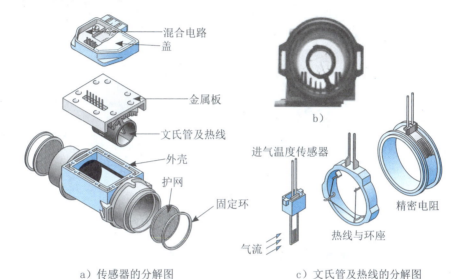

▼ 图1-35 主流计测法热线式空气流量传感器的构造

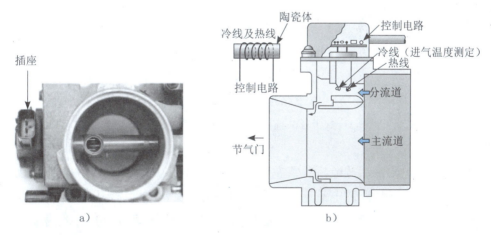

▼ 图1-36 分流计测法热线式空气流量传感器的构造

②主流计测法，因热线在主流道上，较容易沾染污物，且当节气门全开时，经过空气滤清器的细小尘粒，会以高速撞击热线而导致断裂。解决积炭的方法，有些形式设计在每次点火开关关闭的4s内，自动使热线通电1s，热线温度升高到1000℃，以烧除积炭。

③分流计测法的优点：

热线装在分流道上，不易积炭。

可避免回火（Backfire）及气体回流（Backflow）的影响。

调整文氏管喉管内径的大小，即可适用不同排气量的发动机。

（3）固定温度型热线式空气流量传感器的工作原理。

①热线被加热到比进气温度高的固定温度，约160℃，进气温度由冷线感测或由进气温度传感器感测。热线及冷线加入在惠斯通电桥（Wheatstone Bridge）线路中，如图1-37所示，由三个固定电阻器R_1、R_2、R_3与热线电阻R_{HW}、冷线电阻R_{CW}组成；若是采用进气温度传感器，则线路中无冷线电阻R_{CW}。放大器（Amplifier）提供不同电流量给电桥线路。

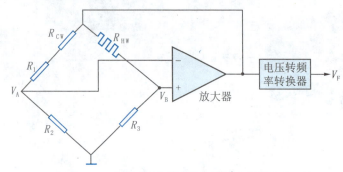

◆ 图1-37 热线式空气流量传感器的电桥线路（一）

②当无空气流动时，电位V_A与V_B相等，即电桥在平衡状态；当空气流经热线时，热线热量被空气带走，热量被带走时所产生的电位变化，依比例即可算出空气的质量流量率（Mass Flow Rate）。

③热线被空气带走热量时，热线电阻R_{HW}变小，使V_B的电位上升，改变电桥线路两边的平衡，电流发生流动。电桥线路的输出电位V_B送给放大器，V_B为R_3两端之间的电压降，此信号送给ECM，即可判断质量流量率。

④另外放大器输出端与电桥线路连接，故送出电流给电桥线路，不同空气流量时，经R_{HW}的电流量也不一样，RHW温度越低，电流量就越大，电流量在0.5~1.2A间变化。

⑤R_1与R_2的电阻高，故电桥线路左半边的电流很小，R_{CW}约500Ω的电阻，因空气温度而变化，可改变线路的电流量，以修正加热电流量，亦即做温度变化的补偿。

⑥如图1-38所示，空气流量越多时，送给ECM的电压信号越高，此为非线性输出，在处理上较困难。

5）热膜式空气流量传感器

（1）利用热膜取代热线，以计测空气量，如图1-39所示，热膜是固定在薄树脂上，外表镀上耐高温的金属铂或镍，其计测精度不受气流脉动（Pulsation）、回流（Return Flows）及EGR等影响，且反应速度比热线式快。

电脑、传感器与执行器 第1章

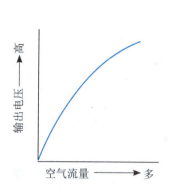

◆ 图1-38 空气流量与输出电压的关系

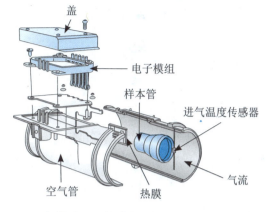

◆ 图1-39 热膜式空气流量传感器

（2）博世热膜式空气流量传感器。

①博世所采用的热膜式空气流量传感器如图1-40所示，是一种所谓的微机械（Micromechanical）计测系统，并搭配混合线路（Hybrid Circuit），整个控制线路位于基板上，热膜由铂制成。

a）热膜的安装位置

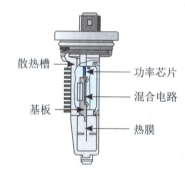

b）感测元件的构造

◆ 图1-40 博世所采用的热膜式空气流量传感器

②由于污物被导引到整个装置的边缘，故本装置不需要擦除程序，使用一段时间后仍能保持计测精度。

6）卡门涡流（Karman Vortex）式空气流量传感器

（1）卡门涡流式空气流量传感器的优点。

①空气通道构造简化，能降低进气阻力。

②传感器送出的是数字信号，ECM可直接处理。

③不同的空气流量下，均能提供精确的输出信号。

④无运动零件，耐久性好。

（2）卡门涡流式空气流量传感器的工作原理。

①在均匀气流的中间放置一个圆柱体或三角柱，圆柱体或三角柱又称涡流产生器，当气流通过涡流产生器后，在其下游会产生旋转方向相反的涡流，称为卡门涡流，如图1-41所示。

◆ 图1-41 卡门涡流的工作原理

②卡门涡流的频率与空气流速成正比,因此检测卡门涡流产生的频率,即可知道空气的流量。

(3)卡门涡流的检测方法有很多种,但最常见的是超声波(Ultrasonic)式与光学(Optical)式两种。

①超声波式卡门涡流检测法。

超声波式卡门涡流检测法为三菱汽车所采用,如图1-42所示。在涡流产生器下游设置超声波信号发射器与信号接收器,信号接收器接收的信号,经转换电路转换后送给ECM。

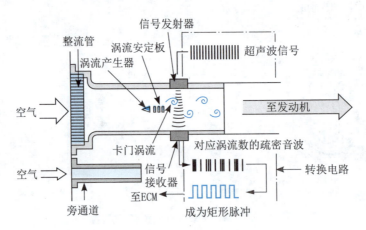

◆ 图1-42 超声波式卡门涡流空气流量传感器的构造及作用

当发动机运转时,空气经过涡流产生器,产生顺、逆向涡流,超声波信号经过顺、逆向涡流时,会产生加、减速的作用,使到达信号接收器的时间有短、长的变化,正弦波式的波形经转换电路,成为频率型数字矩形脉冲,送给ECM,以判定空气的流量,即进气量。进气量少时,各矩形波的距离长;进气量多时,各矩形波的距离短。

②光学式卡门涡流检测法。

光学式卡门涡流检测法为丰田汽车所采用,如图1-43与图1-44所示。由卡门涡流所造成的压力变化,经压力导引孔传至反射镜,使镜片产生振动;而LED与光敏二极管的角度φ是一定的,当反射镜因振动而发生角度θ的改变时,LED射出的光线折向光敏二极管的比例也发生改变,故光敏二极管产生的电流也发生变化,电流的变化即受到卡门涡流的影响,因此ECM检测电流的变化,即可算出进气量。

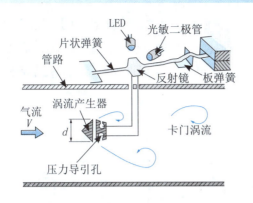 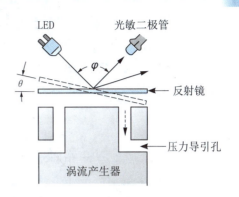

◆ 图1-43 光学式卡门涡流空气流量传感器的构造及作用　　◆ 图1-44 反射镜角度 θ 的变化

送给ECM的脉冲信号，当进气量少时，信号的频率较低；当进气量多时，信号的频率较高，如图1-45所示。输出频率在怠速时约为50Hz，在全负荷时约为1kHz。

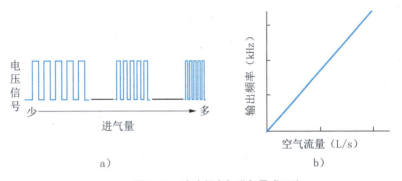

◆ 图1-45 脉冲频率与进气量成正比

2．压力传感器

1）概述

（1）发动机控制系统中，最常见应用压力传感器的就是歧管绝对压力（Manifold Absolute Pressure, MAP）传感器与爆震传感器（Knock Sensor, KS）两种。

（2）测量压力的基本方法有表压力、绝对压力与相对压力三种。

①表压力测量：表压力测量时，压力是施加在硅膜片的顶面，如图1-46 a）所示，产生正输出信号，硅膜片的背面为大气压力，是可变的。表真空（Gage Vacuum）测量时，真空是施加在硅膜片的背面，也产生正输出信号。表压力与表真空测量，都是单侧的压力（真空）测量。

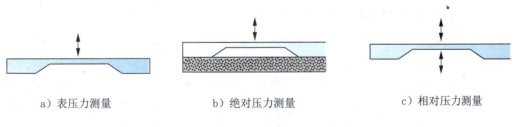

◆ 图1-46 各种压力的基本测量

②绝对压力测量：绝对压力测量，是对应一个密封在传感器内的固定参考值（通常是真空）所产生的压力，如图1-46 b）所示。因密封的真空值不会变，而表压力的大气压力值是可变的，所以绝对压力比表压力准确，如图1-47所示，这就是为什么一般所称的歧管绝对压力传感器，名称要取这么长的原因。

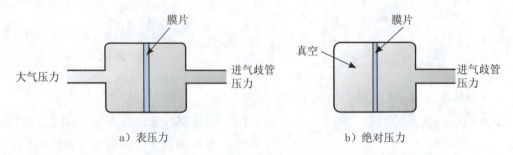

◆ 图1-47 表压力与绝对压力测量法的比较

③相对压力测量：较高压力作用在膜片顶面，较低的参考压力则作用在膜片背面，如图1-46 c）所示，由压力差的大小，判定膜片的变形量，通常相对压力的大小只在一个很小的百分比范围内。本测量方法为较早期汽车所采用。

2）压力传感器的种类

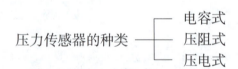

3）压阻（Piezoresistive）式压力传感器

（1）压电元件（Piezoelectric Element）是由特殊半导体材料所制成的晶体（Crystal），可分为压阻式和压电式两种，在承受机械应力（压力或张力）时，压阻式改变其电阻，而压电式可产生电。车用传感器中，MAP与BARO传感器常采用压阻式，而爆震传感器常采用压电式。

（2）压力传感器常用来监测进气歧管压力与大气压力（Atmospheric or Barometric Pressure）。当节气门开度越大时，进气歧管的压力也越大（真空越小）；当节气门全开时，进气歧管压力几乎是等于大气压力。不过，进气歧管压力通常都是负压，也就是真空，除非发动机装有涡轮或机械增压器。进气歧管压力信号可转为发动机负荷信号，是计算发动机喷油量的一个很重要的信号。

（3）歧管压力或大气压力，常以作用于电阻器（Resistor）的硅膜片来测量，如图1-48所示，为MAP传感器，硅膜片宽约3mm，分隔成两室。当从歧管来的压力发生改变时，硅膜片弯曲，使半导体材料的电阻发生改变。电脑提供5V参考电压在硅膜片的一端，当电流流过硅膜片时，依变形量的大小，电压降也随之改变，从硅膜片另一端输出，经滤波线路，转为DC模拟信号后送入电脑。

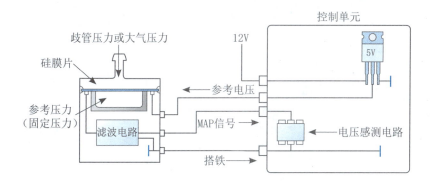

a）歧管压或大气压力的测量

b）装在防火墙上

c）装在节气门体上

◆ 图1-48　压阻式压力传感器的构造及作用

4）压电（Piezoelectric）式传感器

（1）当压力加在晶体或压电薄膜（Piezoelectric Film）表面时，压电式传感器会产生DC电压变化，这种特点适用于感测振动，故常作为爆震传感器。

（2）爆震传感器（Knock Sensor，KS）也称为Detonation Sensor，或称加速计（Accelerometer）。

①爆震传感器的安装位置，如图1-49所示。直列四缸发动机只有一个爆震传感器时，是装在第二、三缸的中间；若是有两个时，则分别装在第一、二缸及第三、四缸的中间。不过，四缸发动机通常只装一个爆震传感器，五缸或六缸发动机则装两个。

a)

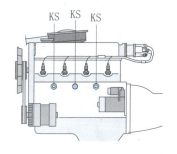

b)

◆ 图1-49　爆震传感器的安装位置

②爆震传感器的种类及构造，如图1-50所示。

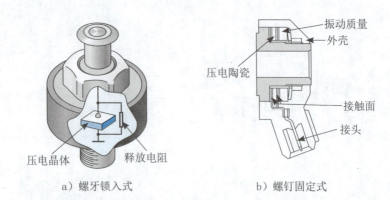

◆ 图1-50 爆震传感器的种类及构造

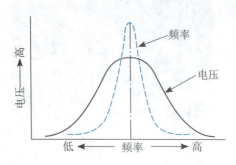

◆ 图1-51 振动频率在某一范围时输出电压最高

③爆震传感器的作用：当发动机发生爆震时，汽缸的压力或振动频率在5～10kHz时，传感器被调整在此范围的振动频率时发生共振（Resonate），使压电元件变形而产生电压输出，如图1-51所示。

④点火正时的修正：爆震传感器的线路及其点火时间的修正，如图1-52所示。当振动频率在5～6kHz时，压电元件产生0.3V或更高的振荡电压（Oscillating Voltage）信号，此信号一旦超过门槛电压时，微处理器内的检测线路（Detection Circuit）即判定为爆震，送出信号给点火器，使点火时间延迟。图1-53所示为另一种方式的点火时间修正，当点火时间必须延迟时，通常是每次2°，不过，依爆震的严重与否，其延后、提前的角度与速度是有许多变化的。

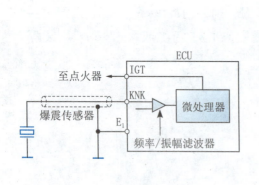

a）电路

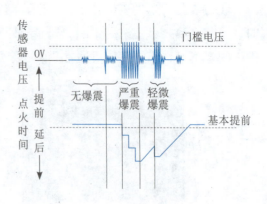

b）点火时间修正

◆ 图1-52 爆震传感器的线路及点火时间修正

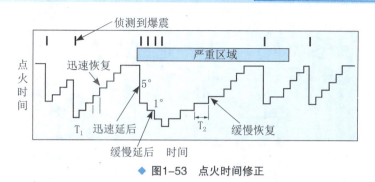

◆ 图1-53 点火时间修正

3. 温度传感器

1）概述

温度是汽车很多控制系统一个很重要的参数，如电脑控制汽油喷射系统工作时，冷却液温度、进气温度及氧传感器温度等，都是非常重要的信号，因此温度传感器必须具备高可靠性。

2）温度传感器的种类

3）双金属开关（Bimetallic Switch）式温度传感器

（1）其基本构造是由两片不同线性膨胀系数的金属片焊接在一起，成为所谓的热偶片。加热热偶片使其弯曲，改变接点的开或闭，以控制电路或指示灯的通断。

（2）早期很多汽油喷射系统采用的热时间开关（Thermo Time Switch），即属于双金属开关式温度传感器，用在如博世的KE-Jetronic及L-Jetronic系统上，博世新型的Motronic系统已不再采用。

（3）热时间开关是依发动机温度，以控制冷车起动喷油器（Cold Start Valve）的持续喷油时间。如图1-54与图1-55所示，分别是热时间开关与冷车起动喷油器的构造；而图1-56所示为两者的电路。

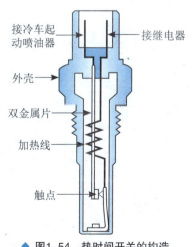

◆ 图1-54 热时间开关的构造

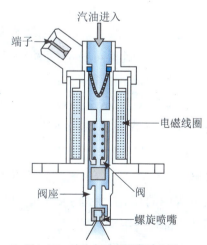

◆ 图1-55 冷车起动喷油器的构造

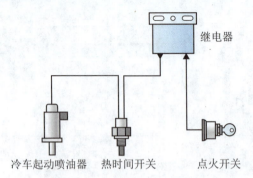

◆ 图1-56 热时间开关及冷车起动喷油器的线路

（4）热时间开关装在能显示发动机温度的位置，内部接点闭合的时间，除了跟发动机温度有关外，也与加热线通电与否有关，以防止冷车起动喷油器喷油过多。当冷车起动时，对双金属片的加热作用主要来自加热线，例如在-20℃时起动，约7.5s，接点即跳开，冷车起动喷油器通电中断，阀关闭而停止向进气歧管喷油；当发动机在热车时起动，由于热时间开关持续受到发动机温度的影响，接点一直在打开状态，所以冷车起动喷油器不喷油。

4）一般型热阻器（Thermistor）式发动机冷却液温度传感器（Engine Coolant Temperature Sensor, ECT Sensor）

（1）热阻器式也常称为热敏电阻式。发动机冷却液温度传感器常简称冷却液温度传感器。

（2）热阻器是依温度而改变电阻的装置，电脑利用热阻器可检测：

①发动机冷却液温度。

②进气温度。

③压力调节器内的汽油温度。

④蓄电池电解液温度。

⑤排气温度。

（3）由于小量的温度变化，就能有大幅度的电阻变化，故热阻器式的敏感度非常高。

（4）热阻器可分为两种：负温度系数（Negative Temperature Coefficient, NTC）型与正温度系数（Positive Temperature Coefficient, PTC）型。NTC型电阻的变化与温度成反比，PTC型电阻的变化与温度成正比。由图1-57可看出，PTC型电阻会因温度的改变而产生剧烈且不规则的变化，因此大部分的车用温度传感器，都是采用NTC型。

例如ＮＴＣ型冷却液温度传感器，冷

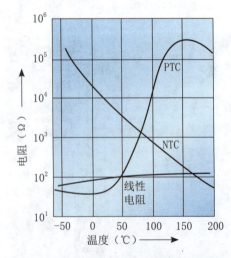

◆ 图1-57 NTC与PTC型热阻器电阻的变化

却液温度40℃时，电阻为100 000Ω，当冷却液温度升高到100℃时，电阻降低至100~200Ω，见表1-1。极少温度的变化，热阻器电阻的变化就非常明显，此种特点，使热阻器成为测量冷却液温度、气温或油温的极佳工具，故车用温度传感器几乎都是采用热阻器式。

典型NTC型热阻器电阻值的变化　　　　　　　　　　　　表1-1

电阻（Ω）	温　度	电阻（Ω）	温　度
100 000	−40°F（−40℃）	500	180°F（82.2℃）
25 000	32°F（0℃）	150	212°F（100℃）
1000	100°F（37.7℃）		

（5）冷却液温度传感器。

①冷却液温度传感器通常是装在靠近调温器外壳的冷却液通道上。图1-58所示为冷却液温度传感器的外形与构造；因冷却液温度的变化，NTC型热阻器的电阻值变化，如图1-59所示。

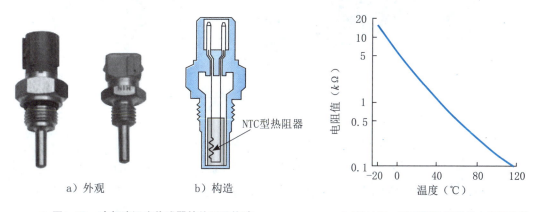

◆ 图1-58　冷却液温度传感器的外形及构造　　　　◆ 图1-59　NTC型热阻器的电阻值变化

②冷却液温度传感器线路，如图1-60所示。PCM经一个固定电阻，送出5V的参考电压给传感器，少量电流流经热阻器后回到PCM搭铁，这是一种分压器线路（Voltage Divider Circuit，电流先经第一电阻，再流经第二电阻），常用于温度感测线路。由于热阻器因温度变化而改变电阻值，故电压降也随之改变，PCM利用电压检测线路监测此电压值，即可得知实际的温度值。例如，冷却液温度低时传感器电阻高，较少电流流过线路，电压降较小，故传感器两端的电压约为4.5V；当冷却液温度高时传感器电阻低，流过电流多，电压约为0.3V。

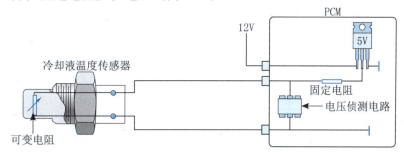

◆ 图1-60　冷却液温度传感器线路

5）进气温度传感器（Intake Air Temperature Sensor，IAT Sensor）

（1）进气温度传感器的功能及电压输出，与冷却液温度传感器相同，但传感器尖端是开放式，使热阻器暴露在通过的空气中。

（2）进气温度传感器可装在空气滤清器外壳、翼板式空气流量传感器、进气歧管通道或靠近蓄电池的电脑内。进气温度传感器的构造，如图1-61所示，热阻器高电阻时，表示进气温度低，空气密度大，需要较多喷油量；反之，则需要较少喷油量。

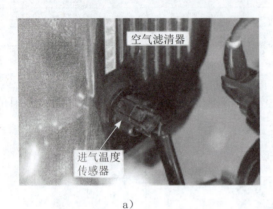
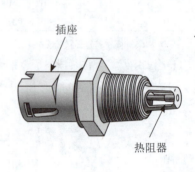

◆ 图1-61　进气温度传感器的构造

4. 曲轴位置传感器

1）概述

（1）曲轴位置传感器（Crankshaft Position Sensor，CKP Sensor），为OBD-Ⅱ采用的标准名词，本传感器属于测量旋转角度位置（Angle Position）的传感器。事实上，位置传感器也有测量线性位置（Linear Position）变化的，如丰田VSC系统的减速传感器（Deceleration Sensor），用来检测运动中车辆的纵、横方向移动。曲轴位置传感器的信号，是电脑的主输入（Main Input）信号之一。

（2）曲轴位置传感器的称呼有很多种，如发动机转速传感器（Engine Speed Sensor）、转速及位置传感器（Speed and Position Sensor）、曲轴传感器（Crankshaft Sensor）等，有些则直接称为磁电式、霍尔效应（Hall Effect）式或光电（Optical）式传感器。

2）曲轴位置传感器的种类

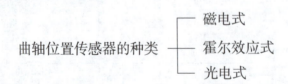

3）磁电式曲轴位置传感器

（1）磁电式传感器信号常作为计算发动机转速、车速及轮速用，其信号也用来控制点火正时与喷射正时。

（2）磁电式曲轴位置传感器的构造，如图1-62所示。

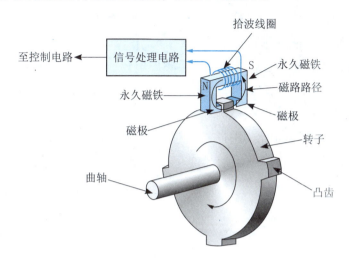

◆ 图1-62　磁电式曲轴位置传感器的构造

①永久磁铁用拾波线圈（Pickup Coil）环绕后，与信号处理线路连接，钢制转子装在曲轴前端，转子上有4个凸齿（Tab）。

②磁电式是利用磁路（Magnetic Circuit）的概念，磁路是通过磁性材料（铁、钴、镍等），并越过磁极间隙的一个闭回路。磁场密度是用磁通量（Magnetic Flux）表示，而磁通量的强弱与磁阻（Reluctance）有关，磁阻的大小又与转子上凸齿与磁极（Magnet Pole Piece）间的相对距离有关。简而言之，磁电式传感器产生电压的大小，取决于磁通量变化率的大小。

（3）磁通量的路径，如图1-63所示。

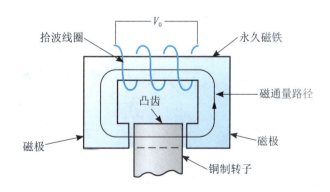

◆ 图1-63　磁阻最小磁通量最强时

①钢的导磁性（Permeability）比空气大数千倍，因此钢的磁阻比空气低很多，当转子凸齿位于磁极间时，间隙被钢片填满，磁阻最小，故磁通量最强；当凸齿不在磁极间时，间隙处为空气，磁阻最大，故磁通量最弱。

②实际上，由于转子是在旋转状态，因此磁通量是逐渐变大或变小，当凸齿接近磁极时，磁通量逐渐增强，当凸齿离开磁极时，磁通量逐渐减弱。故通过磁路磁通量的强弱，取决于凸齿的位置，也就是取决于曲轴或凸轮轴的角度位置。通常最强的磁通量位置，就是某一缸活塞的TDC位置。

（4）磁通量的变化，在拾波线圈处会感应电压，由于必须有磁通量的变化才会感应电压，因此当发动机不旋转时，输出电压为零，发动机正时不易校准，这是磁电式曲轴位置传感器的最大缺点。

（5）当凸齿在磁极间时，磁通量最强，但磁通量变化率是零，因此无感应电压；当凸齿接近或离开磁极时，磁通量变化率最大，因此感应的交流电压最高，如图1-64所示。

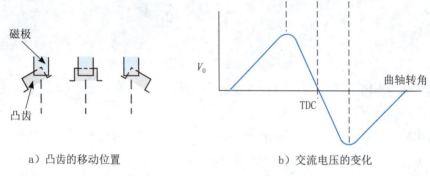

a）凸齿的移动位置　　　　b）交流电压的变化

◆ 图1-64　交流电压的变化情形

（6）博世 Motronic 汽油喷射系统采用的磁电式曲轴位置传感器，如图1-65所示，博世称其为发动机转速传感器。

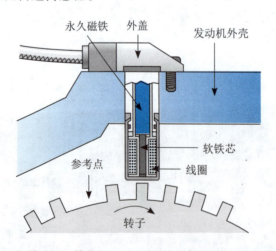

◆ 图1-65　博世 Motronic 采用的磁电式发动机转速传感器

①转子装在曲轴上，凸齿共有58齿，产生的交流电压信号送给ECU，以计算发动机转速；缺少的两齿成为参考点，表示第一缸活塞特定的曲轴位置，以计算点火提前角度。以上两者的输出信号，如图1-66 b）所示。

电脑、传感器与执行器 第1章

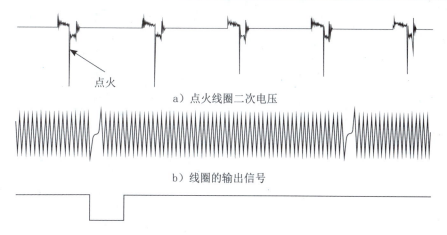

◆ 图1-66 各种输出信号

②软铁芯以线圈环绕,磁场经凸齿后回到软铁芯,当曲轴旋转时,由于间隙的变化,使磁通量发生改变,线圈感应交流电压(AC Voltage)。

③由于Motronic汽油喷射发动机无分电器,故必须在凸轮轴设传感器,以触发正确汽缸的点火器,如图1-66 c)所示,博世在凸轮轴上装设的是霍尔效应式传感器。本信号也用于个别汽缸的独立喷射正时及顺序喷射。

(7)装在分电器的磁电式曲轴位置传感器。

①丰田汽车将装在分电器内的磁电式曲轴位置传感器产生的信号分为两种,即NE信号与G信号,NE信号用以计算发动机转速,G信号是用以检测各缸的TDC位置,以控制喷射正时与点火正时。

②丰田汽车采用的磁电式曲轴位置传感器。由G转子与两组拾波线圈,及NE转子与一组拾波线圈等组成,装在分电器内。G转子有1齿,NE转子有24齿,如图1-67所示。

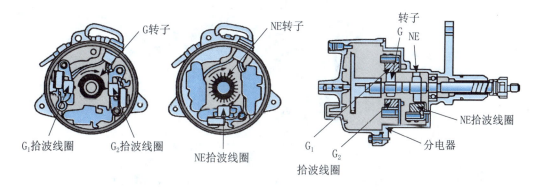

◆ 图1-67 丰田采用的磁电式曲轴位置传感器的构造

G转子与分电器轴一起旋转,分电器轴转一转(相当于曲轴转两转),转子的齿经过G_1与G_2两拾波线圈,感应出两次交流电压,以检测第一与第四缸压缩上止点的位置，如图1-68所示，在曲轴两转内，有的曲轴位置传感器送一次G信号，有些则送二次或四次G信号。G信号送给ECM，以判定喷射正时与点火正时。

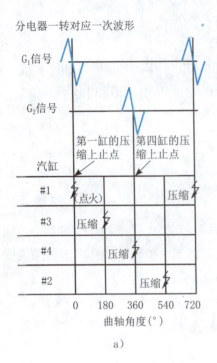
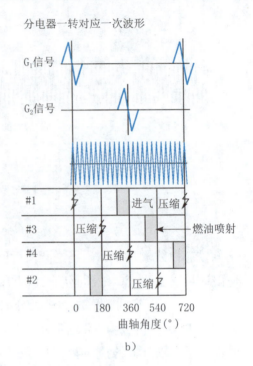

◆ 图1-68　G_1、G_2与NE信号

NE转子上有24齿，分电器轴转一转，在拾波线圈产生24个交流电压，将波形送给ECM，以测定发动机转速，如图1-69所示。有的四缸发动机，在曲轴两转内，送出的NE信号只有4个，有些发动机则有360个。

③丰田汽车采用的另一种磁电式曲轴位置传感器，G转子为4齿，搭配一组拾波线圈，NE转子同样是24齿，如图1-69所示。本传感器的功能与上述的传感器相同。

◆ 图1-69　丰田汽车采用的另一种磁电式曲轴位置传感器

4）霍尔效应（Hall Effect）式曲轴位置传感器

（1）霍尔效应式传感器，也常称为霍尔效应式开关（Hall Effect Switch），用于汽油喷射系统时，常装在曲轴、凸轮轴、分电器等处，以计测发动机转速、控制喷射

正时与点火正时。

（2）由于霍尔效应式传感器的内部线路能将传感器产生的微弱信号转为数字信号输出，故已普遍被采用。

（3）何谓霍尔效应？

这是由Dr.E.H.Hall所发现的简单原理，如图1-70所示，霍尔元件（Hall Element）是一个由半导体材料所制成的扁平小薄片，由外部线路提供稳定电流通过霍尔元件，当磁力线从与电流方向成垂直的方向进入晶体，则电子流动会被扭曲，结果在晶体的顶端与底端间产生一个微弱的电压。这种因磁场变化而产生电压的现象，称为霍尔效应（Hall Effect），此电压就称为霍尔电压。霍尔电压的大小，与电流量及磁通量密度（Magnetic Flux Density）成正比。

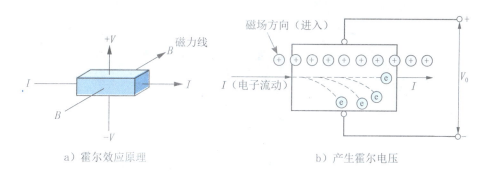

a）霍尔效应原理　　　　b）产生霍尔电压

◆ 图1-70　霍尔效应的基本原理（一）

霍尔效应的基本原理（图1-71），当仅电流流经霍尔元件的半导体薄片时，不会产生垂直方向的电压；但若有磁力线通过半导体时，将会产生小量电压，称为霍尔电压。以电压的大小或频率的高低，即可测知活塞位置及发动机转速。

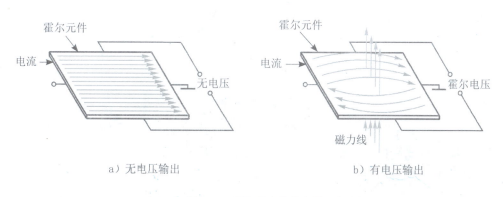

a）无电压输出　　　　b）有电压输出

◆ 图1-71　霍尔效应的基本原理（二）

（4）霍尔效应式曲轴位置传感器的分类：

（5）当遮片（Shutter Blade or Vane）对正磁铁时，输出高电压型的霍尔效应式曲轴位置传感器。

①传感器的构造如图1-72所示，其电压波形的变化如图1-73所示。因输出电压与磁通量密度成正比，当任一遮片正对磁铁时，输出电压最大。若传感器圆盘是由凸轮轴（或分电器）驱动时，则遮片数应与汽缸数相同。

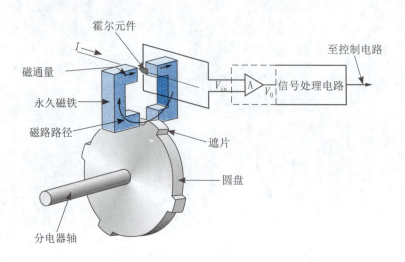

◆ 图1-72 霍尔效应式曲轴位置传感器的构造

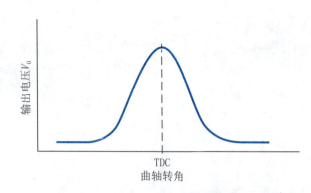

◆ 图1-73 输出电压在遮片正对磁铁时最大

②由于不需要依赖转动以产生信号，故当发动机停止时，霍尔效应式传感器的信号可用来调节发动机正时。

③传感器若用于汽油喷射系统，当遮片对正磁铁时，通常就是某一缸活塞在TDC位置时。

（6）当遮片对正磁铁时，输出低电压型的霍尔效应式曲轴位置传感器。

①另一种形式的霍尔效应式曲轴位置传感器，称为磁场遮蔽（Shield-Field）型，如图1-74所示，构造与上述的传感器不相同，使用较普遍。霍尔元件在永久磁铁的正对面，当遮片转到两者的中间时，磁阻低，圆盘成为一个磁通量路径，因此磁场不绕经霍尔元件，故传感器的输出电压降到接近零。

第1章 电脑、传感器与执行器

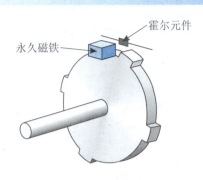
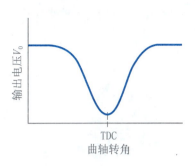

a) 磁场遮蔽型传感器的构造　　　　b) 输出电压在遮片正对磁铁时最小

◆ 图1-74　磁场遮蔽型霍尔效应式曲轴位置传感器的构造及作用

②福特汽车用来作为电子点火正时控制,装在分电器处的是磁场遮蔽型霍尔效应式曲轴位置传感器。

当遮片在永久磁铁与霍尔效应传感器之间时,无电压输出;当遮片不在永久磁铁与霍尔效应传感器之间时,有电压输出,如图1-75所示。故当遮片离开空气间隙的瞬间,产生霍尔电压,ECM利用此信号计算正确的点火提前角度后,触发点火模块,使一次线路中断,产生高压电送给火花塞。此处的霍尔效应传感器即霍尔元件。

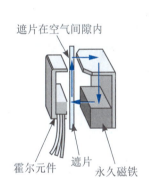
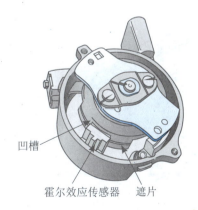

a) 无电压输出

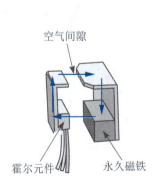

b) 有电压输出

◆ 图1-75　点火正时控制用霍尔效应式曲轴位置传感器的作用

45

此种传感器遮片的宽度即代表闭角（Dwell），也就是一次线路电流流动的时间，如图1-76所示。

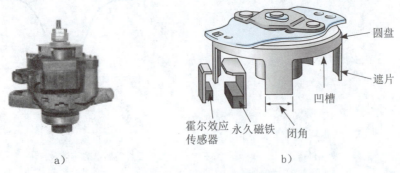

◆ 图1-76 遮片宽度即闭角

③福特汽车用于汽油喷射系统，装在分电器处的是磁场遮蔽型霍尔效应式曲轴位置传感器。

在霍尔效应式曲轴位置传感器的构造及作用方面，本传感器与上述福特用在点火正时控制的传感器几乎是完全相同的。但用在汽油喷射系统时，除需要信号作为点火正时控制外，还需要其他信号以进行顺序喷射控制等，因此福特汽车在分电器内设置两组霍尔效应式传感器，如图1-77所示，不过在图中，只能看到送NE信号的圆盘，G信号的圆盘没有显示出来。

本传感器是用在直列四缸发动机，送出NE信号的圆盘有四个遮片（凹槽）。如果是用在六缸发动机，则直列六缸与V型六缸所用的圆盘构造不一样，直列六缸发动机圆盘有六个遮片，V型六缸发动机圆盘则只有三个遮片。

当圆盘随分电器轴旋转，遮片在磁场与霍尔元件之间时，磁力线不绕经霍尔元件，无电压产生；而当圆盘凹槽在磁铁与霍尔元件之间时，磁力线可绕经霍尔元件，产生垂直电压，经电子线路送出ON/OFF的矩形G及NE数字信号给ECM，如图1-78所示。

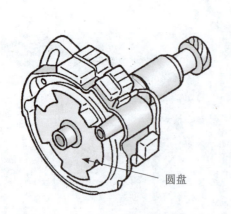

◆ 图1-77 霍尔效应式曲轴位置传感器的圆盘

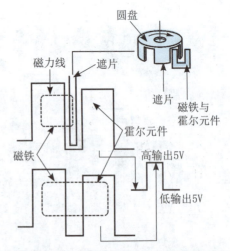

◆ 图1-78 霍尔效应式曲轴位置传感器的作用

NE及G的输出信号，如图1-79所示。NE信号送给ECM，可测定发动机转速，及控制一次电流的切断，以改变点火提前角度；G信号可提供第一缸活塞在压缩上止点位置，以进行顺序喷射。分电器转一圈，送出四个NE信号，一个G信号。

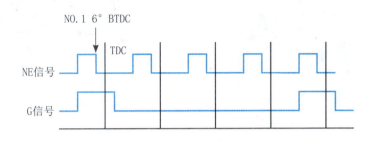

◆ 图1-79　NE与G的输出信号

5）光电（Optical）式曲轴位置传感器

（1）光电式又称光学式，在发动机静止时也有信号产生，且输出信号波形振幅一定，不会因发动机转速变化而改变，但使用环境必须十分干净，以免因油污而干扰光线的投射与接收。

（2）光电式曲轴位置传感器的构造如图1-80 a）所示，由发光二极管（Light Emitting Diode, LED）、光敏晶体管（Phototransistor）与挖有圆孔或槽孔的圆盘所组成，用以检测各缸活塞的TDC位置。如图1-80 b）所示，经放大线路后，LED光束能通过圆盘时的高输出电压约2.4V，LED光束被阻断时的低输出电压约0.2V。

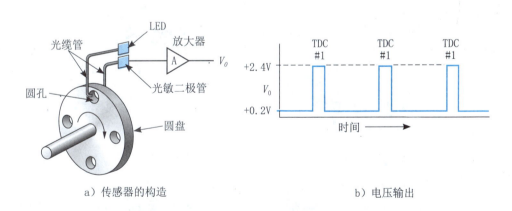

a）传感器的构造　　　　b）电压输出

◆ 图1-80　光电式曲轴位置传感器的构造及作用

（3）裕隆汽车所采用的光电式曲轴位置传感器。

①用在New Sentra车型光电式曲轴位置传感器的构造，如图1-81所示，由光束切断圆盘与电子线路组成。光束切断圆盘上有1°信号槽孔360个，180°信号槽孔4个，其中第一缸信号槽孔较宽，送出的信号宽度比其他三缸大，如图1-82所示。电子线路上安装发光二极管（LED）与光敏二极管，两者隔着光束切断圆盘相对。

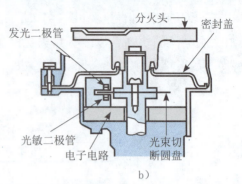

◆ 图1-81 光电式曲轴位置传感器的构造

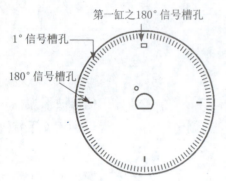

◆ 图1-82 光束切断圆盘的构造

② 光束切断圆盘随着分电器轴转动,当LED的光束被切断时,光敏二极管的电阻变大;当LED光束能通过槽孔时,光敏二极管的电阻变小。由电阻的改变,使电压产生变化,再由电子线路处理成ON/OFF的矩形数字信号给ECM。LED光束能通过时为高输出,光束被切断时为低输出。

(4) 福特汽车所采用的光电式曲轴位置传感器。

① 用在New Telstar车型光电式曲轴位置传感器的构造,如图1-83 b)所示,分电器轴转一圈时,G信号有1个,NE信号有4个。

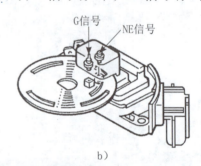

◆ 图1-83 光电式曲轴位置传感器的构造

② NE信号送给ECM,可测定发动机转速,及控制一次电流的切断,以改变点火提前角度;G信号可提供第一缸活塞在压缩上止点位置,以进行顺序喷射,如图1-84所示。

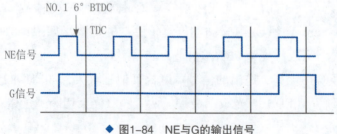

◆ 图1-84 NE与G的输出信号

5. 节气门位置传感器

1）概述

（1）节气门位置传感器（Throttle Position Sensor, TPS 或 TP Sensor）的功用，是用以检测节气门开角度，将电压信号送给ECM，以控制对应节气门开度的喷油量，如减速与加速时，及减速时的汽油切断等。

（2）节气门位置传感器，如果称为节气门位置开关（Throttle Position Switch）或节气门开关（Throttle Valve Switch），通常是指较旧型喷射系统所采用。

（3）TP传感器的种类。

双触点式与电位器式TP传感器的外观，如图1-85所示。

a)

b)

◆ 图1-85 两种TP传感器的外观

2）双触点式（Two Switch Type）TP传感器

（1）双触点式又称双开关式，或直接称为开关式TP传感器，只提供节气门在怠速位置及较重负荷（或节气门全开）位置两种信号给ECM。通常用在较旧型的汽油喷射系统，如博世的 L-Jetronic 系统。

（2）双触点式节气门位置传感器的构造及线路，如图1-86所示。传感器装在节气门体旁，由沿着引导凸轮沟槽的活动触点、固定的强力（Power）触点与怠速触点等组成。引导凸轮与节气门轴同轴固定。

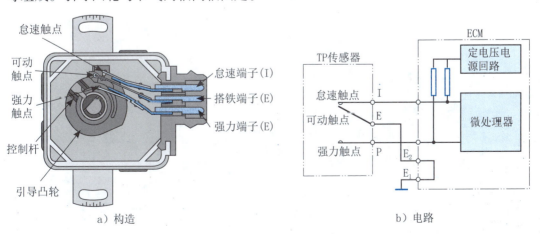

a）构造　　　　　b）电路

◆ 图1-86 双触点式TP传感器的构造及线路

（3）当节气门全关时，活动触点与怠速触点接触，电压送给ECM，使ECM知道发动机在怠速状态，此信号可作为减速时切断汽油供应用；当节气门打开至约50°时，活动触点与强力触点接触，使ECM知道发动机在高负荷状态，而进行汽油增量修正，使发动机功率提升；在其他位置时，铂触点不接触。图1-87所示为双触点式节气门位置传感器的信号输出情形。

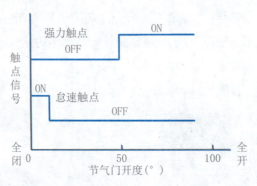

◆ 图1-87 双触点式TP传感器的信号输出情形

（4）以上为双触点式的说明，即由怠速与强力触点检测发动机的怠速与高负荷状态。有的节气门位置传感器另有稀薄燃烧开关触点，可做稀薄燃烧校正。

3）电位器（Potentiometer）式TP传感器

（1）电位器式TP传感器，又称线性（Linear）式TP传感器，能提供节气门在所有位置的信号。目前均用在较新型的汽油喷射系统，如博世公司的Motronic系统。

（2）电位器式TP传感器，可归类为可变电阻式传感器（Variable Resistance Sensors），但不是因温度变化而改变电阻，而是因为轴位置的转动而改变电阻。

（3）装在节气门体总成侧边的TP传感器，能将节气门从全关到全开的信号连续输出。ECM送出5V参考电压给B端子，E端子至ECM搭铁，T端子依节气门开启角度而改变输入ECM的电压值；I端子送出怠速触点闭合信号，图1-88所示为电位器式TP传感器的构造及线路；对应节气门开启角度的线性输出电压，如图1-89所示。电位器式TP传感器构造较复杂，但能精确检测节气门开启位置。

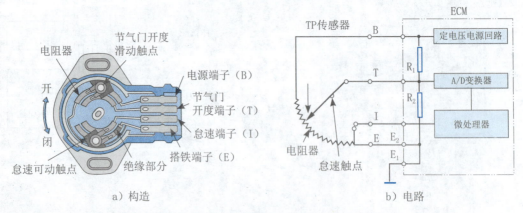

◆ 图1-88 电位器式TP传感器的构造及线路

（4）当节气门打开时，节气门轴转动，带动滑动触点沿着电阻器移动，ECM送出5V参考电压至B端子。如果滑动触点靠近节气门全开（Wide Open Throttle, WOT）侧时，则在B、T间为低电压降（低电阻），而在T、E间为高电压降；当滑动触点靠近怠速位置时，则在B、T间为高电压降，而T、E间为低电压降。ECM监测T、E间的电压降，即可知道节气门的开度，通常0.5V的传感器输出电压，表示节气门关闭；5V的输出电压，表示节气门全开；中间各电压值的变化，则是对应节气门的各种开度而定。

（5）与其他形式的传感器比较，电位器式容易磨损，滑动触点与电阻器接触的部位，易造成接触不良；但因不论任何开启角度，信号都会送到ECM，因此控制精确度高。

6. 氧传感器

1）概述

（1）氧传感器（Oxygen Sensor, O_2S），为大部分汽车制造厂的称呼，福特汽车称为排气氧传感器（Exhaust Gas Oxygen Sensor, EGO Sensor），在欧洲则常称为Lambda（λ）传感器。（注：Lambda为希腊文）

（2）因三元催化转换器对CO、HC与NO_x的净化效果，在理论空燃比附近时最高，如图1-90所示。氧传感器就是用来检测排气中的氧气浓度，将电压信号送给ECM，以修正喷油量，将供应给发动机的空燃比控制在理论空燃比附近的狭小范围内。

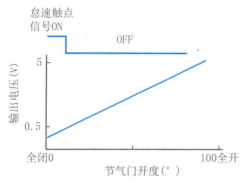

◆图1-89 电位器式TP传感器的线性输出电压

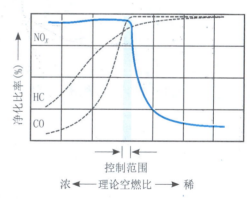

◆图1-90 三元催化转换器的净化特点

（3）氧传感器的种类。

①按照传感器的电线数分 ─┬─ 单线式（本体搭铁，单线为信号线）
                      └─ 双线式（一条搭铁线，一条信号线）

②按照传感器为加热式时的电线数分 ─┬─ 三线式（原单线式，再加上加热器的两条线）
                              └─ 四线式（原双线式，再加上加热器的两条线）

③按照传感器的安装位置分,如图1-91所示。

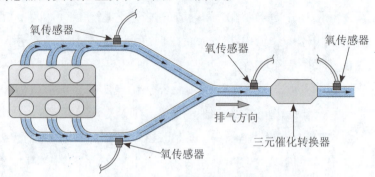

◆ 图1-91 氧传感器的各种安装位置

靠近发动机式:采用最多,主要用来帮助ECM维持正确的空燃比。

靠近三元催化转换器入口式:称为三元前传感器(Pre-Cat Sensor),仅用在OBD-Ⅱ车辆,以监测三元催化转换器的效率。

靠近三元催化转换器出口式:称为三元后传感器(Post-Cat Sensor),也是仅用在OBD-Ⅱ车辆,以监测三元催化转换器的效率。

④按照传感器的使用材料分 ── 二氧化锆式
　　　　　　　　　　　　　　└─ 二氧化钛式

2)二氧化锆(Zirconium Dioxide, ZrO_2)式氧传感器

(1)使用很广的二氧化锆(ZrO_2)式氧传感器的构造,如图1-92所示,由能产生电压的二氧化锆管组成,其内、外侧均以铂被覆盖,外侧铂有一层陶瓷,以保护电极;二氧化锆管内侧导入大气,外侧则与排气接触。因接近理论空燃比时的电动势变化小,难以检测出电压,故利用具有催化作用的铂,可使电压变化加大。

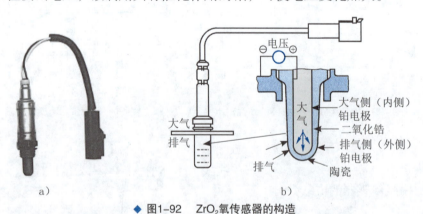

◆ 图1-92 ZrO_2氧传感器的构造

(2)浓混合气燃烧后排出的废气,接触到铂时,因铂的催化作用,使残存的低浓度氧气与排气中的一氧化碳(CO)或碳氢化合物(HC)发生反应,故外侧铂表面的氧气几乎不存在,因此氧传感器内、外侧的氧气浓度差变成非常大,产生大约0.9V电压,如图1-93所示。

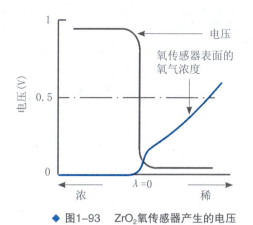

◆ 图1-93 ZrO₂氧传感器产生的电压

（3）稀混合气燃烧时，因排出废气中含有高浓度的氧气（O_2）与低浓度的一氧化碳，即使一氧化碳与氧气发生反应，也还剩下多余的氧气，因此二氧化锆内、外侧浓度差小，产生电压约为0.1V。

（4）在电脑内设定有一比较电压，约为0.45V，以判定混合比的稀浓。与从氧传感器送来的信号电压比较，当信号电压比较高时，电脑判定供应的混合气比理论混合气浓，故电脑控制喷油器的通电时间缩短，使汽油喷射量减少，混合比回复到理论空燃比附近。通常低于300mV时，表示空燃比稀；高于600mV时，表示空燃比浓。

（5）氧传感器在低温时，其电压变化小，且所需的反应时间又长，不利于感测作用，亦即在低温时，氧传感器的计测精度差，以二氧化锆式氧传感器为例，在排气温度低于300℃时，其电压变化非常微小。为改善这种缺点，现代汽车使用的氧传感器，均已改用加热式。

3）二氧化钛（Titanium Dioxide，TiO_2）式氧传感器

（1）加热式TiO_2氧传感器的构造及作用，如图1-94所示。TiO_2的作用原理与ZrO_2完全不相同，TiO_2的作用原理类似冷却液温度传感器，当混合比在稀、浓间变化时，因O_2含量的改变，使TiO_2的电阻随之改变，且电阻不是逐渐变化，而是非常迅速的改变。当混合比浓时电阻低于1kΩ，当混合比稀时则高于20kΩ。

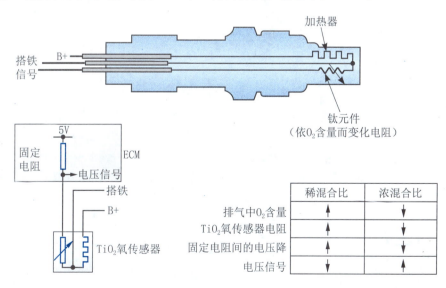

◆ 图1-94 TiO_2氧传感器的构造及作用

（2）ECM送出5V参考电压，经固定电阻及传感器后电压的变化，即可监测空燃

比。当混合比浓时电阻低,故电压信号高,约1.2V;当混合比稀时电阻高,故电压信号低,约0.2V。

（3）TiO_2与ZrO_2一样,都是在浓混合比时产生高电压,稀混合比时产生低电压,但TiO_2的输出电压较高,且TiO_2是利用参考电压,改变电阻后以变化输出电压,而ZrO_2是自己产生输出电压。

7. 车速传感器

1）概述

（1）车速传感器（Vehicle Speed Sensor, VSS）的信号送给ECM,作为ISC、EEC、EGR控制,及加速、减速时的空燃比控制等。

（2）车速传感器的种类。

2）磁电式车速传感器

（1）磁电式车速传感器的构造及作用,与磁电式曲轴位置传感器大致相同。

（2）车速传感器的安装位置如图1-95所示。车速传感器的构造如图1-96所示,由线圈、磁铁与驱动齿轮所组成。当驱动齿轮转一圈时,线圈产生8个交流电压,经仪表板内电子线路处理后,成矩形4脉冲输出至ECM,如图1-97所示。

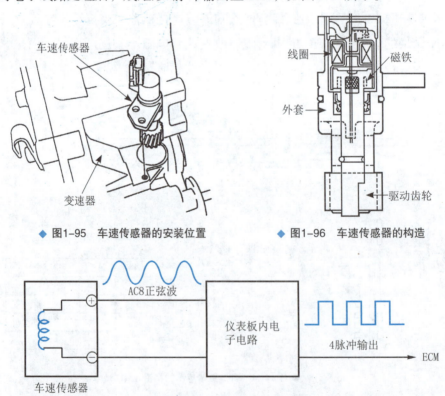

◆ 图1-95 车速传感器的安装位置　　◆ 图1-96 车速传感器的构造

◆ 图1-97 车速传感器的线路

3）光电式车速传感器

（1）光电式车速传感器的构造及作用，与光电式曲轴位置传感器大致相同。

（2）光电式车速传感器的构造，如图1-98所示，圆盘由速度表软轴驱动，故圆盘转速与车速成正比。

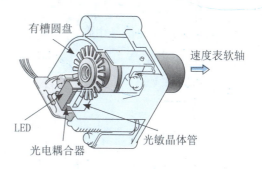

◆ 图1-98 光电式车速传感器的构造

（3）当圆盘转动时，不断的切断LED射向光敏晶体管的光源，使光敏晶体管断续产生电流，故光敏晶体管T间歇不断的ON或OFF，输出连续的信号给电脑，以测定车速，如图1-99所示。

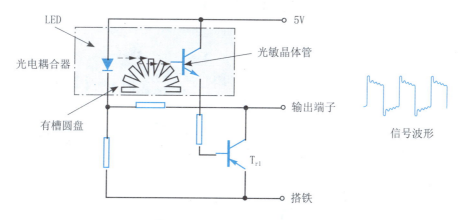

◆ 图1-99 光电式车速传感器的线路

8. 开关

1）概述

（1）以上所介绍的传感器，都会产生可变的信号，但是机械式或压力作用式的开关（Switches），仅会产生简单的ON或OFF电压信号给电脑。

（2）大多数的控制系统都有数个简单的开关，用来将信号送给电脑，如：

①挡位开关：检测自动变速器是否入挡。

②A/C开关：检测空调系统是否在ON状态。

③制动开关：检测制动踏板是否踩下。

④离合器开关：检测离合器踏板是否踩下。

⑤强迫换挡开关：检测加速踏板踩踏量是否已达降挡需求。

（3）开关的种类。

按照线路中开关所在位置可分 ┬ 电源侧开关
　　　　　　　　　　　　　　└ 搭铁侧开关

2）电源侧开关

（1）电源侧开关位于电源与模块之间，如图1-100所示，风窗玻璃清洗器开关即为电源侧开关。由于开关闭合时，是使信号电压升高，故又称为升压开关（Pull-Up Switch）。空调系统的A/C开关属于此种。

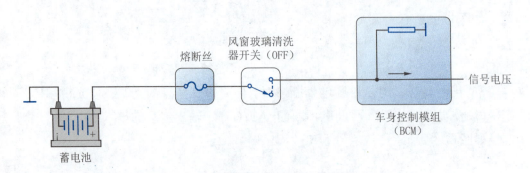

◆ 图1-100 电源侧开关

（2）电源通常是蓄电池电压（12V），模块提供搭铁线路，并监测信号，当开关打开时，到模块的信号电压为零；当开关闭合时，到模块的信号电压为电源电压。

3）搭铁侧开关

（1）搭铁侧开关的一端直接搭铁，电源由模块供应，并监测线路信号，如图1-101所示。空挡安全开关即为搭铁侧开关，由于开关闭合时，是使信号电压降低，故又称降压开关（Pull-Down Switch），这种开关采用较多。

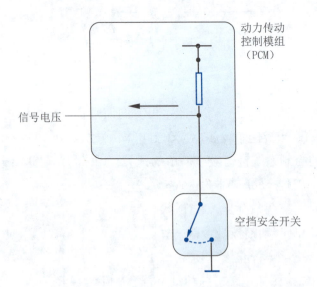

◆ 图1-101 搭铁侧开关

（2）当开关打开时，信号电压为最大值；当开关闭合时，线路搭铁，信号电压（电压降）接近零。

1.4 执行器

一、概述

（1）传感器的输入信号经电脑计算比较后，再使输出装置工作，这些装置称为执行器（Actuators），以产生所需要的动作。各种执行器用来控制汽车线路及零件，其任务包括：

①空燃比控制。

②快怠速及怠速控制。

③主继电器/汽油泵控制。

④A/C压缩机离合器继电器控制。

⑤EGR控制。

⑥EEC控制（或称EVAP控制）。

（2）ECM输出给大多数执行器的电压为ON/OFF或高/低的信号。

（3）由ECM控制线路的搭铁侧，以供应蓄电池电压给大多数的执行器，称为搭铁侧切换（Ground Side Switching），如图1-102所示，故ECM能以小电流搭铁的线路，控制大电流的流动。ECM是利用晶体管来控制搭铁侧切换，此晶体管称为驱动器（Driver）。

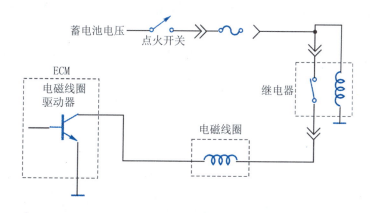

◆ 图1-102 ECM控制线路的搭铁侧

二、各种执行器的构造及作用

1. 执行器的种类

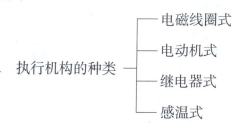

2. 电磁线圈式执行器

（1）电磁线圈式执行器为用途最广的执行器，是以电磁线圈（Solenoid）通电产生的吸力改变阀（Valve）的位置，以控制真空、燃油气体（Fuel Vapor）、EGR气体、气流（Air Flow）、机油流动、水流、ATF流动等，广泛用于全车各控制系统。

（2）EGR系统真空控制电磁阀的构造，如图1-103所示，电磁阀为常闭型，由线圈与可动铁芯组成。当电脑使电磁阀线路搭铁时，线圈通电，电磁吸力使可动铁芯下移，真空送往EGR阀。

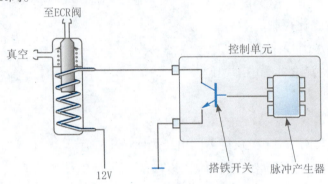

◆ 图1-103　EGR系统真空控制电磁阀的构造

（3）脉冲宽度（Pulse Width）型电磁线圈控制。

① 脉冲宽度型电磁线圈是以时间（ms）计测脉冲宽度，即计测ON时间（ON-Time）的长短。以汽油喷射系统的喷油器（Injectors）为例，当喷油量必须增加时，脉冲宽度的时间延长；当喷油量必须减少时，脉冲宽度的时间缩短。

② 采用脉冲宽度控制的电磁线圈式喷油器的构造如图1-104所示。针阀移动行程在0.1mm左右，针阀打开的时间也很短，在各种工作状态下，在1.5~10ms之间。图1-105所示为显示在各种不同工作状况下，脉冲宽度变化时，喷油量随之改变。例如，加速时因节气门开度大，空气进入量多，需要更多的汽油，ECM会增加脉冲宽度，使喷油器打开的时间变长，喷油量增加。

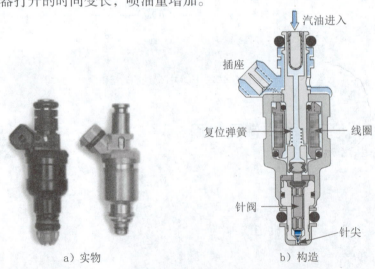

a）实物　　　b）构造

◆ 图1-104　电磁线圈式喷油器的构造

电脑、传感器与执行器 第1章

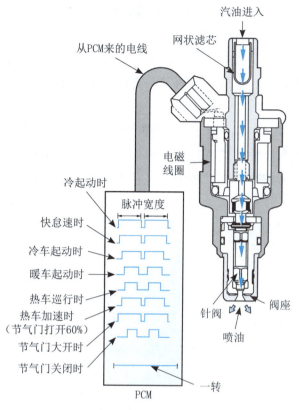

◆ 图1-105 PCM送给喷油器不同的脉冲宽度

3. 电动机式执行器

（1）电动机（Electrical Motor）式执行器的种类。

电动机式执行器的种类 ┬ 永久磁铁式
　　　　　　　　　　 └ 步进电动机式

（2）永久磁铁（Permanent Magnet）电动机式执行器。

博世 Motronic 系统采用的永久磁铁电动机式旋转型怠速执行器（Rotary Idle Actuator），如图1-106所示。

①通过改变旁通空气量，以调整怠速。

②常用的有单线圈式和双线圈式两种基本形式，单线圈式有两个端子，双线圈式有三个端子。单线圈式时，ECU送出矩形脉冲（Square Wave）信号给线圈，克服弹簧力使旋转阀打开，而以弹簧力关闭；矩形脉冲的

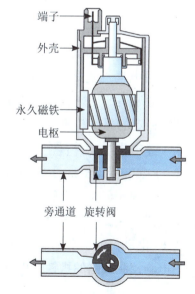

◆ 图1-106 博世 Motronic 系统采用的永久磁铁电动机式旋转型怠速执行器

ON/OFF比或工作周期,将决定旋转阀的开度,进而调节怠速转速。

③双线圈式时,矩形脉冲信号送给其中一组线圈,反信号送给另外一组线圈,当两线圈的工作周期都是50%时,旋转阀不动,也就是电动机不转;任一组线圈的工作周期比另一组大时,电动机会朝某一方向转动,带动旋转阀,以调节一定的怠速转速。

(3)步进电动机(Stepper Motor)式执行器。

①步进电动机有数种形式,目前采用最多的是永久磁铁式,具有较好转矩及保持转矩的特点。各形式步进电动机的步进角度,可小至0.36°、0.75°和1.8°,大至15°、18°和45°等。

②GM汽车采用的永久磁铁式步进电动机,用于汽油喷射系统的怠速空气控制(IAC)阀,如图1-107所示。

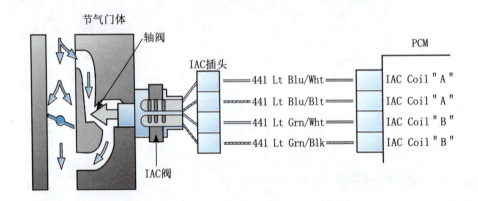

◆ 图1-107 GM汽车IAC阀永久磁铁式步进电动机

IAC阀为一可逆式直流电动机安装在节气门体内,轴阀(Pintle Valve)由电动机带动,在节气门全关时,用以改变空气旁通道的大小。

有两组电动机线圈,PCM送出脉冲电压给正确的线圈时,轴阀即移动至正确位置,通过旁通道的空气经空气流量传感器计量,送出信号给PCM,控制喷油器喷油,即可获得稳定的怠速转速。

4. 继电器式执行器

(1)继电器(Relay)式执行器,是利用电脑适时使继电器内线圈的线路搭铁,让较大电流进入需要运行的装置,常用于电动汽油泵、发动机冷却风扇、空气调节压缩机离合器,或提供电源给电脑、喷油器、氧传感器的加热器等。

(2)电动汽油泵继电器的控制,如图1-108所示。大多数的继电器为常开型,也就是由电脑控制线路的搭铁,以判定电源的通断与否。

电脑、传感器与执行器

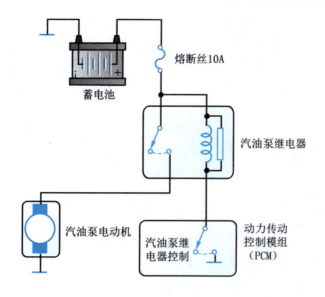

▼ 图1-108 电动汽油泵继电器的控制

5. 感温式执行器

（1）感温（Thermal）式执行器通常用在较早期的汽油喷射系统，作为控制冷发动机时的快怠速用，称为辅助空气装置（Auxiliary Air Device），又称空气阀（Air Valve）。

（2）辅助空气装置的构造及作用如图1-109所示。当发动机刚起动时，转板上开口部分与旁通道相通，旁通空气进入汽缸，使转速提高；热车时，热偶片因通电加热而弯曲，弹簧将转板向逆时针方向拉动，使旁通道逐渐被转板封闭；到发动机达工作温度时，旁通道完全被封闭，快怠速作用停止。

a）辅助空气装置的外观　　b）旁通道部分打开时　　c）旁通道封闭时

▼ 图1-109 辅助空气装置的构造及作用

一、判断题

1. 电子控制单元又称电脑。（   ）
2. 电脑内的放大器是为提高送给执行器的电压信号。（   ）
3. 模拟电压信号，是一种突然升高或降低的电压变化。（   ）
4. 二进位数即二进位码，是0与1的数字信号。（   ）
5. 高频率脉冲，其波峰间的距离较长。（   ）
6. 所谓工作周期，是指在一个周期的时间中，OFF所占时间的比率。（   ）
7. ECM控制电子元件的搭铁端时，其ON-Time在下方，即0V线上。（   ）
8. ROM在电源关掉后储存的资料会消失。（   ）
9. 部分电脑内的PROM是可拆卸更换的。（   ）
10. EEPROM不必从电路板上拆下，可直接擦除及再编程。（   ）
11. NTC型可变电阻式传感器，当温度低时，其电阻小。（   ）
12. MAP与MAF传感器，均属于负荷传感器。（   ）
13. 热线式空气流量传感器的熄火后自动通电作用，是为擦除热线上的污物。（   ）
14. 卡门涡流的频率与空气流速成反比，检测卡门涡流产生的频率，即可测知空气流量。（   ）
15. 绝对压力测量时，其所对应的是可变的大气压力值。（   ）
16. 直列四缸发动机只装一个爆震传感器时，是装在第二、三缸的中间。（   ）
17. 当爆震传感器的压电元件产生的振荡电压低于门槛值时，CPU的检测线路判定为爆震，送出信号给点火器，使点火时间延迟。（   ）
18. PTC型热阻器电阻的变化与温度成正比。（   ）
19. 进气温度传感器的热阻器高电阻时，表示进气温度高，空气密度低。（   ）
20. 曲轴位置传感器，又称CMP Sensor。（   ）
21. 磁电式传感器产生电压的大小，与磁通量变化率的大小有关。（   ）
22. 磁电式曲轴位置传感器，当转子凸齿在磁极间时，感应电压最大。（   ）
23. 博世 Motronic 系统采用的磁电式曲轴位置传感器产生的信号，可计算发动机转速及点火提前角度。（   ）
24. 丰田在分电器内的磁电式曲轴位置传感器的NE信号，用以控制喷射正时及点

火正时。( )
25. 霍尔效应式曲轴位置传感器,当圆盘的遮片对正磁铁时,输出高电压。( )
26. 装在分电器的磁场遮蔽型霍尔效应式曲轴位置传感器,如果是用来作为电子点火正时控制用,则当遮片离开空气间隙的瞬间,信号送给ECM,以计算正确的点火提前角度。( )
27. 光电式曲轴位置传感器是由LED、光敏二极管及挖有圆孔或槽孔的圆盘所组成。( )
28. 双触点式TP传感器,当怠速触点闭合信号送给ECM时,使ECM知道发动机在高负荷状态,以进行汽油增量补正。( )
29. 电位器式TP传感器,5V的输出电压,表示节气门全关。( )
30. 二氧化锆式O_2S,二氧化锆管的内侧是大气,外侧是发动机排气。( )
31. 无O_2S信号时,为开回路控制,空燃比不会控制在理论混合比附近。( )
32. 开关是用来产生线性输出电压给ECM的。( )
33. ECM控制搭铁侧晶体管的作用,能以小电流控制大电流流经执行器。( )
34. 脉冲宽度型电磁线圈,是以计测频率的高低来控制。( )
35. 空气阀是用来控制发动机的怠速用。( )

二、选择题

1. 参考电压调节器提供给各传感器的参考电压,通常约为_____。( )
   (A) 3V　　　(B) 5V　　　(C) 9V　　　(D) 12V
2. 脉冲宽度占一个周期的比率,称为_____。( )
   (A) 工作周期　(B) 频率　　(C) 循环　　(D) 振幅
3. 将模拟信号转换为数字信号的是_____。( )
   (A) 放大器　　　　　　　(B) 输出驱动器
   (C) A/D转换器　　　　　(D) D/A转换器
4. 对RAM的描述,哪项错误? ( )
   (A) 电源关掉后资料会消失　(B) 称为读写存储器
   (C) 为非易失性存储器　　　(D) 又称随机存取存储器
5. 必须从线路板上拆下,再以紫外线照射以抹除资料的是_____。( )
   (A) EPROM　(B) PROM　(C) KAM　(D) EEPROM
6. 以小电流触发功率晶体管工作,得到大输出电流,使执行器正常工作的是_____。( )
   (A) 输入接口　　　　　　(B) 输出驱动器

（C）PROM　　　　　　　　　（D）时钟

7. 下列哪种形式传感器，不是采用可变电阻式？　　　　　　　　　　（　）

（A）爆震传感器　　　　　　　（B）冷却液温度传感器

（C）进气温度传感器　　　　　（D）燃油温度传感器

8. 下列哪项不属于主动式传感器？　　　　　　　　　　　　　　　　（　）

（A）氧传感器　　　　　　　　（B）磁电式传感器

（C）霍尔效应式传感器　　　　（D）节气门位置传感器

9. 对翼板式空气流量传感器的叙述，哪项错误？　　　　　　　　　　（　）

（A）内有电位器

（B）汽油泵开关在熄火时打开

（C）由进气温度传感器信号可测知进气量

（D）怠速混合比调整螺钉设在旁通道上

10. 下列哪项不是翼板式空气流量传感器的缺点？　　　　　　　　　（　）

（A）体积大　　　　　　　　　（B）质量重

（C）容积效率较低　　　　　　（D）非直接计测进气量

11. 光学式卡门涡流空气流量传感器，ECM由＿＿＿＿即可计测空气量。（　）

（A）光电晶体产生电流的变化　（B）超声波信号的快慢

（C）LED射出光线的强弱　　　（D）涡流产生器角度的变化

12. 对压阻式压力传感器的叙述，哪项错误？　　　　　　　　　　　（　）

（A）是以作用于电阻器的硅膜片测量

（B）压力使硅膜片弯曲，故半导体材料的电阻产生变化

（C）将硅膜片另一端的信号送给电脑

（D）常用于爆震传感器

13. 当汽缸的振动频率在＿＿＿＿kHz时，爆震传感器的压电元件变形而产生电压输出。（　）

（A）1~3　　（B）5~10　　（C）12~20　　（D）任一值

14. 对热时间开关的叙述，哪项正确？　　　　　　　　　　　　　　（　）

（A）是压力传感器的一种

（B）是由圈状热偶片组成

（C）用以控制汽车起动喷油器的持续喷油时间

（D）用于较新型的汽油喷射系统

15. 对热阻器的叙述，哪项错误？　　　　　　　　　　　　　　　　（　）

（A）NTC型会因温度的改变其电阻产生剧烈且不规则的变化

（B）车用温度传感器大部分都是采用NTC型

（C）热阻器又称热敏电阻

（D）NTC型电阻变化与温度成反比

16. 磁电式曲轴位置传感器_____。（　　）

（A）转子为非磁性材料制成　　（B）转子在磁极间时磁通量最小

（C）转子装在分电器轴或曲轴　（D）拾波线圈信号为数字信号

17. 对磁电式曲轴位置传感器的叙述，哪项错误？（　　）

（A）磁通量最强的位置，通常是某缸活塞在TDC

（B）传感器是输出交流电压

（C）当转子凸齿离开磁极时，感应电压变小

（D）磁通量变化率最大时，感应电压最高

18. 当遮片对正磁铁时，输出低电压的霍尔效应式曲轴位置传感器_____。（　　）

（A）霍尔元件在永久磁铁与遮片间

（B）是输出交流电压

（C）较少被采用

（D）当遮片在永久磁铁与霍尔元件之间时，电压输出非常低

19. 对福特汽车用于汽油喷射系统，装在分电器处的磁场遮蔽型霍尔效应式曲轴位置传感器的叙述，哪项错误？（　　）

（A）分电器转一圈时送出一个NE信号，四个G信号

（B）直列四缸发动机圆盘有四个遮片

（C）NE信号作为计算发动机转速及控制一次电流切断用

（D）G信号作为控制顺序喷射用

20. 对光电式曲轴位置传感器的叙述，哪项错误？（　　）

（A）使用环境必须干净

（B）由LED将信号送给ECM

（C）圆盘上可有不同形式的槽孔

（D）功能与霍尔效应式曲轴位置传感器相同

21. 对电位器式TP传感器的叙述，哪项错误？（　　）

（A）电压为线性输出

（B）为热敏电阻式可变电阻传感器

（C）能送出节气门所有角度位置信号

（D）构造比开关式复杂，且滑动接点有磨损、接触不良的问题

22. 对O_2S种类的叙述中，哪项正确？（　　）

（A）三元催化器前O_2S，可帮助PCM维持正确的空燃比
（B）三元催化器后O_2S，可监测转换器的温度
（C）单线式O_2S，电线为搭铁线
（D）三线式O_2S，其中两条为加热器的电线

23. 对ZrO_2式O_2S的叙述中，哪项错误？（　　）
（A）浓混合气状态的燃烧，O_2S输出低电压
（B）O_2S在温度低时的计测精度差
（C）加热式O_2S，可缩短传感器达工作温度的时间
（D）O_2S反馈信号加入系统回路中作用时，为闭回路控制

24. TiO_2式O_2S_____。（　　）
（A）浓混合比时，其输出电压约0.2V
（B）输出电压比低
（C）不能自己产生输出电压
（D）工作原理类似电位器式传感器

25. 用途最广的执行器形式是_____。（　　）
（A）电动机式　　　　（B）感温式
（C）继电器式　　　　（D）电磁线圈式

26. 可供应大电流给需要运行的装置是_____。（　　）
（A）电动机式执行器　　（B）感温式执行器
（C）继电器式执行器　　（D）电磁线圈式执行器

三、简答题

1. 试述电脑应具备的功能。
2. 什么是ECM、PCM、BCM及TCM？
3. 试述参考电压调节器的功用。
4. 什么是频率、周期及工作周期？
5. 试述A/D转换器的功用。
6. 如何擦除及再编程EPROM？
7. EEPROM有什么优点？
8. 什么是电位器式传感器、磁电式传感器及开关式传感器？
9. 写出翼板式空气流量传感器的缺点。
10. 试述固定温度型热线式空气流量传感器的工作原理。
11. 试述卡门涡流式空气流量传感器的工作原理。

12. 什么是绝对压力测量？
13. 试述压电式传感器的特点及用途。
14. 电脑利用热阻器可检测什么温度？
15. 试述磁电式曲轴位置传感器的基本工作原理。
16. 博世 Motronic 系统采用的磁电式曲轴位置传感器的功能是什么？
17. 丰田装在分电器的磁电式曲轴位置传感器的功能是什么？
18. 什么是霍尔效应？
19. 试述福特装在分电器的磁场遮蔽型霍尔效应式曲轴位置传感器用来作为点火正时控制的作用。
20. 试述福特所采用光电式曲轴位置传感器的功能。
21. 写出电位器式TP传感器的优缺点。
22. 试述二氧化锆式氧传感器在浓及稀混合气下的作用。
23. 试述二氧化钛式氧传感器的工作原理。
24. 试述博世 Motronic 系统采用双线圈永久磁铁电动机式旋转型怠速执行器的作用。
25. 什么是继电器式执行器？常用于何处？
26. 试述博世 L-Jetronic 系统所采用辅助空气装置的作用。

第2章

汽油喷射系统概述

- 2.1 汽油喷射系统的发展过程
- 2.2 汽油喷射系统的优点
- 2.3 汽油喷射系统的分类

2.1　汽油喷射系统的发展过程

（1）早在20世纪30年代，汽油喷射技术就已应用在航空发动机上。1934年德国已有成功研发安装汽油喷射发动机的军用战斗机；第二次世界大战末期，美国也将向汽缸内直接喷射汽油的发动机装用在战斗机上。军用飞机采用汽油喷射技术，主要是为了避免化油器式发动机在高空会发生结冰的故障。

（2）20世纪50年代，在提高发动机输出及加速性能，而不计成本的要求下，大多数的赛车发动机均装用汽油喷射系统。1952年，德国Daimler-Benz 300L型赛车装用了德国博世公司的首批机械控制式汽油喷射装置，向汽缸内直接喷射汽油。

（3）在20世纪60年代以前，车用汽油喷射装置大多采用机械柱塞式喷射泵，其构造及工作原理与柴油发动机的喷射泵非常相似，结构复杂，且价格昂贵，因此发展缓慢，仅用于赛车及少数追求高速度及高输出的豪华汽车上，故此时化油器式燃料装置仍占有绝对的优势。

（4）从20世纪60年代中期开始，在一些经济发展较迅速的国家，随着汽车数量的增加，汽车排气所造成的污染日益严重，因此欧、美、日各国相继制定了严格的污染气体排放法规，限制CO、HC、NO_x等有害物质的排放量；到了20世纪70年代初期，受到能源危机的影响，各国又制定了汽车燃油经济性法规。两种法规的要求并逐年提高，越来越严格，已达传统机械式化油器及分电器无法胜任的地步，迫使汽车制造公司寻求各种改良技术，以节省汽车的能源消耗及减少排气污染。

（5）比机械柱塞式喷射泵结构更简单、控制更方便、且不需驱动的机械式低压汽油控制系统，为改良的目标。1967年，德国博世公司成功研发了机械式K-Jetronic汽油喷射系统，由电动泵供应5 bar（1 bar=10^5Pa）压力的汽油，经汽油分配器，送往各缸进气歧管上的机械式喷油器，向进气口连续喷射汽油；接着再改良为机械电子式的KE-Jetronic汽油喷射系统，是在K-Jetronic的汽油分配器上增设一个电磁油压控制器，以控制计量槽前、后的压力差，故能迅速、大幅地调节汽油量，提高操纵的灵活性，并增加控制功能。

（6）接着，由于电子技术的蓬勃发展，汽车电子化成为各汽车制造公司的重要发展方向。1962年，博世公司已开始研究电子控制汽油喷射技术；1967年，博世公司研发出D-Jetronic系统，是利用进气歧管绝对压力传感器检测进气量，被各汽车制造公司所采用；然后随着污染气体排放法规越来越严格，要求提高控制精度，使控制功能更完善，1972年，博世公司在D-Jetronic系统的基础上，改良研发出L-Jetronic，使用翼板式空气流量计直接检测进气量，以控制空燃比，比使用进气歧管绝对压力的间接检测方式精度高，且稳定性好。

（7）博世公司研发的L-Jetronic系统是采用翼板式空气流量计，接着由其他原理所设计的空气流量计也实用化了。1980年，日本三菱电机公司研发出卡门涡流式空气流量计；1981年，日本日立制作所及博世公司相继研发出热线式空气流量计，可直接检测进气的质量流量，不需要附加装置以补偿大气压力及温度变化的影响，且进气阻力小，加速反应快。

（8）在符合排放法规的前提下，要实现最佳的燃油经济性目标时，只采用单项电子控制装置已无法达到要求，因此博世公司发展出电子点火与电子控制汽油喷射一起控制的Motronic集中控制系统。同期间，美国及日本各大汽车制造公司也相继研发与各自车型配合的集中控制系统，如美国GM公司的DEFI系统，福特公司的EEC-Ⅲ系统，日产公司的ECCS系统，丰田公司的TCCS系统及本田公司的PGM-FI系统等，这些系统能够对空燃比、点火时间、怠速、排气再循环等各方面进行综合同时控制，使控制精度更高，控制功能也更完善。

（9）为了将电子控制汽油喷射系统推广应用在一般的汽车上，通用公司在1980年首先成功研发一种构造简单、价格低廉的节气门体喷射（TBI）系统；博世公司也在1983年推出汽油压力100kPa（1bar、1.02kg/cm^2）的Mono-Jetronic系统。与化油器式相比较，这些单点喷射系统在进气总管原先安装化油器的部位，安装一个电磁控制的中央喷油器，能使汽油迅速通过节气门，不会或减少在节气门上方发生汽油附着在管壁的现象，消除了因此而引起的混合气延迟燃烧，缩短供油与空燃比信息回馈间的时间间隔，控制精度提高，故能改善废气排放；同时，利用节气门转角及发动机转速来控制空燃比，省略了空气流量计。因此整个系统的结构及控制方式均较简单，能兼顾到性能与成本的要求，发动机结构的改变也较小，故被排气量2.0 L以下的普通汽车发动机所普遍采用。从表2-1可以看出，在1990年时，美国三大汽车公司中，通用与福特汽车公司汽车采用单点喷射系统的数量都超过50%。

1990年时美国三大汽车公司采用汽油喷射系统的比例　　表2-1

公司	数量	单点喷射式	多点喷射式	化油器式	总产量
通用	数量（辆）	1 691 739	1 548 820	58 543	3 299 102
	比例（%）	51.3	46.9	1.8	
福特	数量（辆）	1 177 240	688 365	—	1 865 605
	比例（%）	63.1	36.9		
克莱斯勒	数量（辆）	365 503	444 202		749 705
	比例（%）	40.7	59.3		

（10）但随着电子与机械技术的进步，电子元器件成本的降低与可靠性，以及多点喷射系统的多变化性，现代汽油发动机采用多点喷射系统已经越来越普遍。以我国台湾地区为例，由于各汽车制造厂间的竞争非常激烈，所生产的单点汽油喷射系统汽车微乎其微，绝大多数都是从化油器式发动机，直接晋级为多点汽油喷射式发动机。

（11）多点进气歧管汽油喷射系统为目前的主流，且将持续被采用。虽然缸内汽油喷射发动机具备省油、高动力输出的优势，但要取代多点进气歧管汽油喷射发动机，可能需要一段时间，而两者在电脑控制系统方面非常相似，仅仅是控制喷油软件差异较大而已。

2.2　汽油喷射系统的优点

汽油喷射系统与化油器式燃料系统相比较，汽油喷射系统的优点为：

（1）汽油喷射系统可直接或间接检测进气量，以精确计量燃烧所需的汽油量，并根据发动机负荷、温度等参数进行修正，以精确控制发动机在各种工作状况下的空燃比，故可有效提高发动机的动力输出、经济性及排气净化效果。

（2）无喉管的设计，空气流动阻力大为降低，可增加容积效率；且因可采用较大的气门重叠角度，有利于废气排出，故也可增加容积效率，因而提高发动机的动力输出。

（3）由于进气管不需要造成高速气流，故进气歧管可依最佳的流体力学设计，有利于改善容积效率。特别是采用进气谐振控制系统，即可变进气系统时，可依发动机转速改变进气歧管的有效长度，利用进气谐振增压效应，可更增加容积效率，而提高发动机的动力输出。

（4）由于汽油的雾化良好，不需采用进气管加热方法来促进汽油蒸发，故汽缸内吸入的混合气温度较低，可增加容积效率；且因不易爆震，故点火提前角度可增加，压缩比可较高，这些都能提高发动机的动力输出。

（5）汽车加速行驶时，由于空燃比控制能立即反应，无汽油供应迟滞现象，故可大幅提高加速性能。

（6）由于汽油是在一定压力下以雾状喷出，因此冷起动时汽油的雾化基本上不受影响，故低温起动性良好。

（7）发动机可在较稀混合气条件下运转，不但能减少有害气体排放，并可降低油耗。

（8）汽油喷射系统的断油设计，不但能消除急减速时所产生的污染，也可节省能源。

（9）各缸可得到均匀的混合气，可提高发动机的稳定性，减少废气中CO与HC的排放量。

（10）在回馈控制的基础上，增加了学习控制功能，再与三元催化转换器配合使用，可大幅减少CO、HC与NO_x的排放量。

2.3　汽油喷射系统的分类

一、按照空气量的检测方法分

按照空气量的检测方法分 —— 直接检测方法——质量-流量方式
　　　　　　　　　　　└── 间接检测方法 ── 速度-密度方式
　　　　　　　　　　　　　　　　　　　　└── 节气门-速度方式

1. 质量-流量（Mass Air Flow, MAF）方式

（1）质量-流量方式是利用空气流量计（Air Flow Meter）直接计测吸入的空气量，再参考发动机转速，以计算汽油喷射量，如图2-1 a）所示。

（2）空气流量计有翼板式（L-Jetronic）、热线式（LH-Jetronic）、热膜式及卡门涡流式（Karman Vortex）等数种，另外机械式的K-Jetronic与KE-Jetronic也属于质量-流量方式。

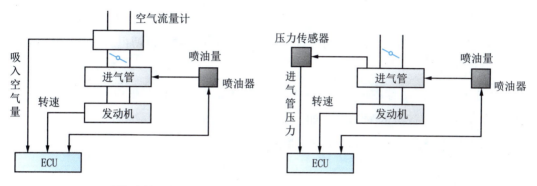

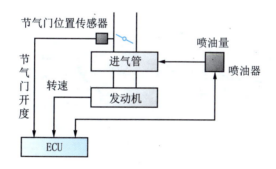

◆ 图2-1　各种空燃比控制系统

2. 速度-密度（Speed Density）方式

（1）速度-密度方式是以发动机转速与进气歧管压力来计算每一循环所吸入的空气量，以此空气量为基准，来计算汽油喷射量，如图2-1 b）所示。

（2）速度-密度方式即歧管绝对压力（Manifold Absolute Pressure, MAP）式，博世公司称为D-Jetronic，本田汽车的PGM-FI（Programmed Fuel Injection）与丰田汽车的D型EFI（Electronic Fuel Injection）均属速度-密度方式。

3. 节气门-速度（Throttle Speed）方式

（1）节气门-速度方式是以节气门开度与发动机转速，来计测每一循环所吸入的空气量，以此空气量为基准，来计算汽油喷射量，如图2-1 c）所示。

（2）由于直接检测节气门开度，过渡反应性良好，应用于赛车上。但由于不易测出空气量，仅用在博世 Mono-Jetronic 等系统上。

二、按照喷射装置的控制方式分

按照喷射装置的控制方式分 ── 机械控制式
　　　　　　　　　　　　　　── 机械电子控制式
　　　　　　　　　　　　　　── 电子控制式

1. 机械控制式

（1）采用连续喷射方式，可分为单点喷射与多点喷射。以博世公司的K-Jetronic系统最具代表性。

（2）在空气流量计中的感知板，因空气通过量不同，而产生位置的变化，以改变燃油分配管送至各缸的喷油量，如图2-2所示。系统中还设有冷车起动喷油器、空气阀、暖车调节器等，以便根据不同状况对基本喷油量进行修正。

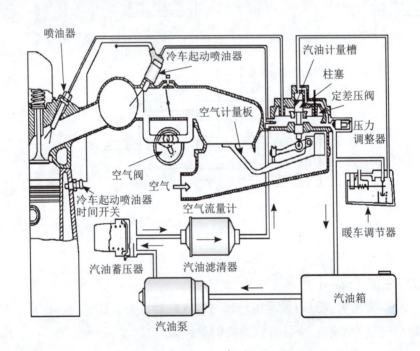

◆ 图2-2　机械控制式汽油喷射系统

2. 机械电子控制式

（1）博世公司的KE-Jetronic系统属于这种形式。

（2）KE系统是以K系统为基础加以改良而成，其特点是增加了一个电子控制单元（ECU），ECU可根据冷却液温度传感器、节气门位置传感器等信号，以控制油压电磁阀的工作，来对不同工作状况下的空燃比进行修正，而达到减少排气污染的要求，如图2-3所示。

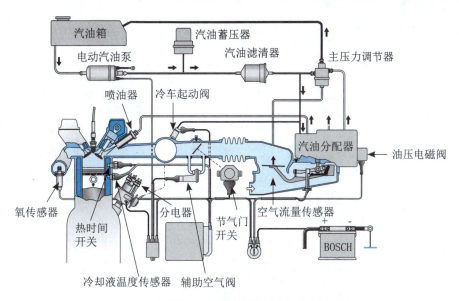

◆ 图2-3　机械电子控制式汽油喷射系统

3. 电子控制式

（1）电子控制汽油喷射（Electronic Fuel Injection，EFI）系统，如图2-4所示。在20世纪60～70年代，大多只控制汽油喷射，到了80年代，开始与点火控制一起合并为集中控制系统。

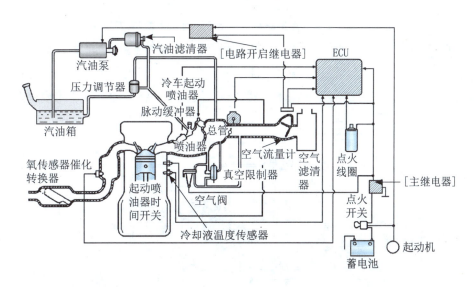

◆ 图2-4　电子控制式汽油喷射系统

（2）ECU依进气量、转速、负荷、温度、排气中含氧量等信号的变化，配合存储器中储存的数据，以确定所需的喷油量，然后控制喷油器的开启时间，喷出正确的汽油量；最佳点火时间也是以相同的方法计算修正。具有其他控制，如怠速控制、汽油增减量修正、空调控制等，且具有自我诊断与故障码显示功能、故障安全功能及备用功能等。

三、按照汽油的喷射位置分

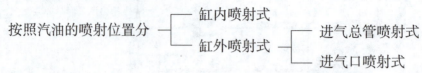

1. 缸内喷射式

（1）20世纪50年代，博世公司根据柴油发动机用喷射泵的原理，所研发的缸内喷射装置如图2-5所示，用于奔驰300SL汽车上。但因机油易被冲淡，且喷油器暴露在高温高压下无法克服而停用。

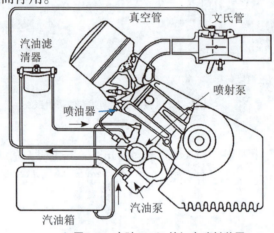

◆ 图2-5 奔驰300SL的缸内喷射装置

（2）现代汽油发动机采用的缸内喷射装置，常称为缸内汽油直接喷射系统，比一般的进气口汽油喷射发动机更省油，且动力更大。图2-6所示为丰田缸内汽油直接喷射D-4发动机系统，各缸的高压涡流喷油器装在汽缸盖上，将汽油直接喷入汽缸内。

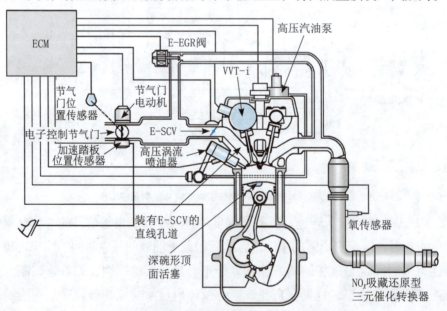

◆ 图2-6 缸内汽油直接喷射D-4发动机系统

2. 缸外喷射式

（1）进气总管喷射式：喷油器装在进气总管上，即一般所称的单点喷射（Single Point Injection, SPI）系统，如图2-7所示。

（2）进气口喷射式：喷油器装在各缸进气歧管靠近进气门的进气口上，即一般所称的多点喷射（Multi Point Injection, MPI）系统，如图2-8所示。

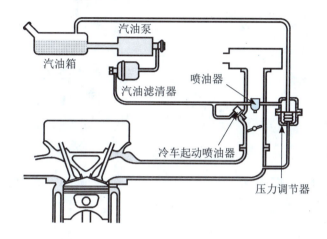

◆ 图2-7　单点喷射式系统

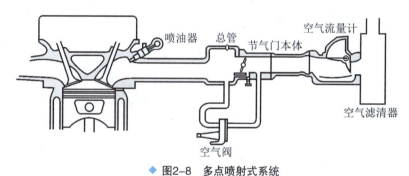

◆ 图2-8　多点喷射式系统

◆四、按照喷油器的数目分

按照喷油器的数目分 —— 单点喷射式
　　　　　　　　　　 —— 多点喷射式

1. 单点喷射（SPI）式

（1）单点喷射系统是在进气总管节气门的上方安装一个中央喷射装置，使用一个或两个喷油器向进气总管喷射，形成混合气，在进气行程时再吸入各汽缸内，如图2-9所示。这种喷射系统也常称为节气门体喷射（Throttle Body Injection, TBI）系统或中央喷射系统，博世公司称为Mono-Jetronic。

（2）单点喷射系统的性能低于多点喷射系统，但其优点为结构简单、成本低、故障率低、发动机的改动少，且维修方便。因此在20世纪90年代时，一般小排气量汽车曾广泛采用。

2. 多点喷射（MPI）式

（1）多点喷射系统是在每个汽缸进气门附近的进气歧管上安装一个喷油器，喷出汽油与空气混合，在进气行程时再吸入汽缸内，如图2-10所示。

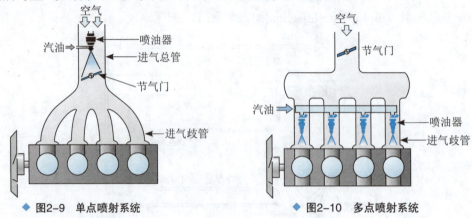

▶ 图2-9 单点喷射系统　　　　　▶ 图2-10 多点喷射系统

（2）由于各缸间混合气量平均及混合均匀，且设计进气歧管时可充分利用空气惯性的增压效果，故可得到高输出。

◆ 五、按照汽油的喷射方式分

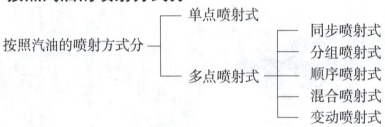

1. 连续喷射（Continuous Injection, CI）式

（1）连续喷射式又称稳定喷射，在发动机运转期间是连续喷射汽油，如博世公司的K-Jetronic系统与KE-Jetronic系统。

（2）连续喷射都是喷入进气歧管内，而且大部分汽油是在进气门关闭时喷射的，因此大部分汽油是在进气歧管内蒸发。由于连续喷射系统不需要考虑发动机的工作顺序及喷油时机，故控制系统较简单。

2. 间歇喷射（Timed Injection）式

间歇喷射式又称脉冲喷射，喷射是以脉冲方式在某一段时间内进行，因此有一定的喷油持续期间。间歇喷射的特点是喷油频率与发动机转速同步，且喷油量取决于喷油器的开启时间（喷油脉冲宽度），故ECU可根据各传感器所获得的发动机运转参数动态变化的情况，精确计量发动机所需喷油量，再由控制脉冲宽度而得到各种工作状况的空燃比。由于间歇喷射方式的控制精度较高，故为现代集中控制系统所广泛采用。

（1）同步喷射式。

①同步喷射式是指发动机在运转时，各缸喷油器同时开启且同时关闭，由电脑的统一指令控制所有喷油器同时动作。

②同步喷射用于年份较老的汽车上，或现代新型汽车在冷车起动或系统故障时，也有采用所有喷油器同步喷射的方式。依设计的不同，曲轴每转180°、360°或720°，每缸同时喷油一次，通常以360°喷油一次最常见。图2-11所示为六缸发动机同步喷射的作用，由于各缸一起喷油，因此多数汽缸不是在进气行程时喷油。

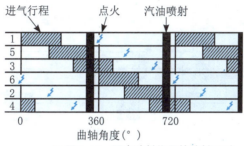

◆ 图2-11 同步喷射作用的喷射正时

（2）分组喷射式。

①分组喷射是将喷油器依发动机每个工作循环分成若干组，交替进行喷油作用，常用在缸数较多的发动机。

②分组喷射常分成2组、3组或4组，图2-12 a）所示为六缸发动机分成2组，每360°其中1组喷油；图2-12 b）所示为六缸发动机分成3组，前360° 1组喷油，后360° 2组喷油，图2-12 c）所示为八缸发动机分成4组，每360°其中2组喷油。

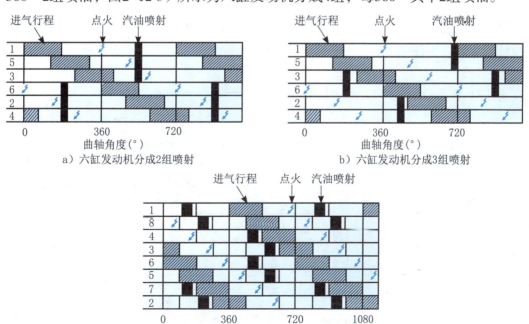

a）六缸发动机分成2组喷射　　b）六缸发动机分成3组喷射

c）八缸发动机分成4组喷射

◆ 图2-12 各种分组喷射作用的喷射正时

（3）顺序喷射式。

①顺序喷射是指喷油器依发动机的工作顺序依次进行喷射，具有喷射正时，是由ECU依曲轴位置传感器的信号，以判断各缸的进气行程，适时送出各缸的喷油脉冲信号。顺序喷射也常称为独立喷射。

②现代汽车发动机采用顺序喷射非常普遍，曲轴转角720°内，各缸依点火顺序喷油一次。图2-13所示为四缸发动机采用顺序喷射，各缸都在进气行程开始前就已喷油。

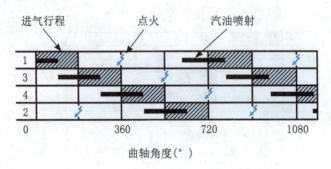

◆ 图2-13 顺序喷射作用的喷射正时

（4）混合喷射式。

①混合喷射即混合了同步喷射与顺序喷射两种作用，通常在起动、加速或系统故障时为同步喷射作用，而在一般行驶时为顺序喷射作用，现代汽油喷射发动机常采用。

②本田公司PGM-FI系统混合喷射的设计作用，如图2-14所示。平时为顺序喷射，在进气行程前喷油；起动时，第一次喷射，TDC信号使所有喷油器同步喷射，第二次喷射以后，则依CYL信号各喷油器顺序喷射。

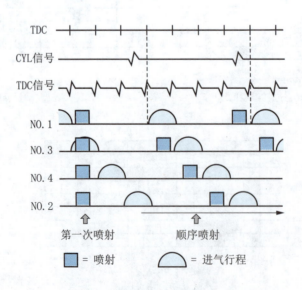

◆ 图2-14 混合喷射作用的喷射正时（一）

③当节气门突然大开时，所有喷油器同步喷射，节气门开启速度越快，喷油持续时间越长；同步喷射后，接着又转为顺序喷射，如图2-15所示。

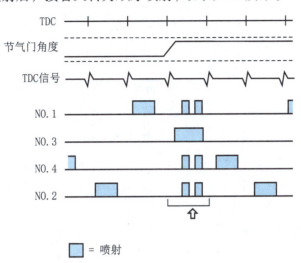

◆ 图2-15　混合喷射作用的喷射正时（二）

（5）变动喷射式。

①变动喷射是指喷油器的喷射可在进气行程初期、压缩行程末期或排气行程末期等，为缸内汽油直接喷射系统所采用。

②发动机在低负荷时，是在压缩行程末期喷油，以达到比类似柴油发动机节省油耗；而在高负荷时，是在进气行程喷油，以达到比其他发动机转矩高的特性；另在排气行程末期喷油，是在冷发动机起动后热车期间才有作用，让排气温度升高，使三元催化转换器提早达到工作温度，以减少热车期间的污染气体排放量。

六、按照喷射压力的高低分

1. 低压汽油喷射式

低压汽油喷射式：汽油压力在 $1.0\ kgf/cm^2$（$1\ kgf/cm^2=0.0980665\ MPa$）左右，如进气总管喷射的单点喷射系统。

2. 中压汽油喷射式

中压汽油喷射式：汽油压力在 $2.5\sim3.5\ kgf/cm^2$ 之间，如进气歧管喷射的多点喷射系统与KE-Jetronic系统。

3. 高压汽油喷射式

高压汽油喷射式：汽油压力在 $50\ kgf/cm^2$ 以上，如缸内汽油直接喷射系统。

七、按照控制模式分

按照控制模式分 ── 开环路控制式
　　　　　　　　　闭环路控制式
　　　　　　　　　开环路与闭环路一起控制式

1. 开环回路控制（Open Loop Control）式

（1）开环回路控制是将发动机各种运转状况所对应的最佳供油量实验数据，事先储存在电脑中，发动机在实际运转过程中，主要是根据各传感器的输入信号，判断发动机的工作状况，再找出最佳供油量，然后送出控制信号，经功率放大器放大后，驱动喷油器工作，以精确控制空燃比。

（2）开环回路控制系统，是由发动机运转状况参数的变化，依事先设定在存储器中的实验数据而控制工作，其优点为简单易行，缺点是其精度直接依赖所设定的基准数据，当传感器及喷油器的性能发生变化时，空燃比就无法正确的保持在原预定值，故对发动机及控制系统各组成元件的精度要求高，系统本身抗干扰能力较差，且当使用状况超出预定范围时，就无法实现最佳控制。

2. 闭环回路控制（Closed Loop Control）式

（1）闭环回路控制是在排气管上加装了氧传感器，能根据排气中含氧量的变化，计算出汽缸内混合气的空燃比值，输入电脑中与所设定的目标空燃比值进行比较，其误差信号经放大后送给喷油器，使空燃比保持在所设定的目标值附近。

（2）闭环回路控制系统，可以得到较好的空燃比控制精度，并可消除因产品差异及磨损所引起的性能变化，抗干扰能力强，稳定性好。

3. 开环回路与闭环回路一起控制式

（1）当采用三元催化转换器净化排气时，为使净化效果保持在最佳状态，故要求混合气应保持在理论空燃比附近。

（2）但是，对某些特殊的运转状况，如热车、怠速、加速、重负荷等，需要增浓混合气时，仍需采用开环回路控制，以充分发挥发动机的动力性能。所以，开环回路与闭环回路一起控制为现代汽油发动机所普遍采用的方式。

QIYOU PENSHE XITONG GAISHU
汽油喷射系统概述

理论测试

一、判断题

1. 博世的Motronic系统是集中控制系统，将汽油喷射与点火提前合并一起控制。
( )
2. 化油器的喉管设计，会增加空气的流动阻力，降低容积效率。 ( )
3. 速度-密度方式，是属于直接检测空气量的方法。 ( )
4. 本田汽车的PGM-FI系统，是属于直接检测空气量的方法。 ( )
5. 博世的KE-Jetronic是属于机械控制式汽油喷射系统。 ( )
6. 进气口喷射方式，即MPI系统。 ( )
7. 节气门体喷射系统就是单点喷射系统，就是博世的Motronic系统。 ( )
8. 连续喷射系统喷油时不需考虑发动机的工作顺序及喷油时机。 ( )
9. 间歇喷射的特点是喷油频率与发动机转速同步，而喷油量是取决于喷油孔的数目及大小。 ( )
10. 同步喷射，通常以360°各缸同时喷油一次汽油最常见。 ( )
11. 分组喷射方式，常用在直列四缸发动机。 ( )
12. 缸内汽油喷射系统，可在进气、压缩、做功、排气的任一行程或任一时间喷油。
( )
13. 博世的Mono-Jetronic系统，汽油压力在0.15～0.25 MPa之间。 ( )
14. 开环回路控制系统，缺点是其控制精度是依赖事先所设定的基准数据。 ( )

二、选择题

1. 整个系统的结构及控制方式较简单，能兼顾性能与成本的是_____。 ( )
 （A）化油器系统 （B）单点汽油喷射系统
 （C）多点汽油喷射系统 （D）集中控制系统
2. 下述哪项不是汽油喷射系统比化油器式系统的优点？ ( )
 （A）低污染 （B）省油性佳 （C）动力输出高 （D）成本低
3. 汽油喷射系统的低温起动性良好，是因为_____。 ( )
 （A）汽油是在一定压力下雾化喷出 （B）汽油经冷却液间接加热

（C）进气歧管较短　　　　　　（D）空燃比较大

4. 不能提高发动机动力输出的是_____。　　　　　　　　　　（　　）

（A）以稀薄混合气运转　　　　（B）采用较大的气门重叠角度

（C）进气歧管不加热，进气温度较低　（D）点火提前角度较多

5. 非直接检测空气量的系统是_____。　　　　　　　　　　　（　　）

（A）KE-Jetronic　　　　　　　（B）D-Jetronic

（C）LH-Jetronic　　　　　　　（D）卡门涡流式

6. 现代汽油发动机采用的缸内汽油直接喷射系统_____。　　　（　　）

（A）机油易被冲淡　　　　　　（B）比一般喷射系统费油

（C）喷油器装在汽缸盖上　　　（D）喷油器不耐高温

7. 下述哪项不是单点喷射系统的优点？　　　　　　　　　　　（　　）

（A）发动机的改动少　　　　　（B）成本低

（C）可得高输出　　　　　　　（D）结构简单

8. 顺序喷射_____。　　　　　　　　　　　　　　　　　　　（　　）

（A）也常称为分组喷射　　　　（B）曲轴转角360°

（C）各缸在做功行程时喷油　　（D）各缸在进气行程前开始喷油

9. 混合喷射方式，顺序喷射作用是在_____。　　　　　　　　（　　）

（A）一般行驶时　　　　　　　（B）起动时

（C）加速时　　　　　　　　　（D）控制系统故障时

10. 多点汽油喷射系统的喷射压力约在_____MPa。　　　　　　（　　）

（A）0.1～0.15　（B）0.25～0.35　（C）0.5～0.95　（D）5～12

11. 下述哪项不是闭回路控制系统的优点？　　　　　　　　　　（　　）

（A）稳定性好

（B）可得较好的空燃比控制精度

（C）可消除因传感器问题所引起的性能变化

（D）不需利用氧传感器的信号

12. 下述哪种运转状况不采用开环回路控制？　　　　　　　　　（　　）

（A）热车时　　　　　　　　　（B）怠速时

（C）热车巡行时　　　　　　　（D）发动机重负荷时

三、简答题

1. 采用质量-流量方式空气量检测法的空气流量计有哪些？

2. 什么是多点喷射？其优点是什么？
3. 什么是顺序喷射？
4. 什么是混合喷射？
5. 什么是变动喷射？
6. 什么是开环回路控制？
7. 闭环回路控制有什么优点？
8. 为什么要采用开环回路与闭环回路一起控制式？

第3章

单点汽油喷射系统

- 3.1 概述
- 3.2 汽油供给系统
- 3.3 获取各种工作信息
- 3.4 信息处理及控制
- 3.5 Mono-Motronic系统

3.1 概　述

（1）单点汽油喷射（Single Point Injection, SPI）系统，德国博世公司称之为Mono-Jetronic Fuel Injection System，在美国常称为节气门体喷射（Throttle Body Injection, TBI）系统。本章专门介绍Mono-Jetronic汽油喷射系统。

（2）Mono-Jetronic是一种电脑控制、低压、单点喷射系统。在KE-Jetronic、L-Jetronic等孔口喷射系统（Port Injection Systems），每个汽缸都有一个喷油器；而Mono-Jetronic是由单一、中央安装、电磁控制的喷油器供油给所有汽缸。

（3）Mono-Jetronic系统的心脏部分是中央喷射器（Central Injection Unit），使用一个电磁控制喷油器，在节气门上方进行间歇喷射，再由进气歧管分配汽油至各汽缸。

（4）本系统使用各种传感器，以监测发动机的工作状况，提供必要的控制参数，以获得适当的混合比修正。控制参数如下：

①节气门角度。

②节气门全关及全开位置。

③发动机转速。

④进气温度。

⑤发动机温度。

⑥排气含氧量。

⑦自动变速器、空调设定及A/C压缩机离合器状态。

（5）Mono-Jetronic系统的组成，如图3-1所示。其工作可分成汽油供给、工作信息取得及工作信息处理三大部分，如图3-2所示。

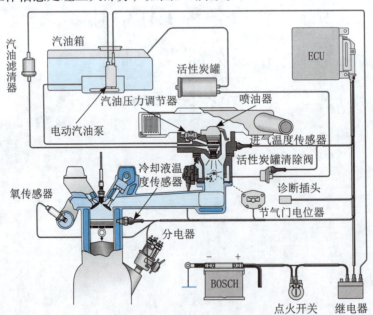

◆ 图3-1　Mono-Jetronic系统的组成

第3章 单点汽油喷射系统

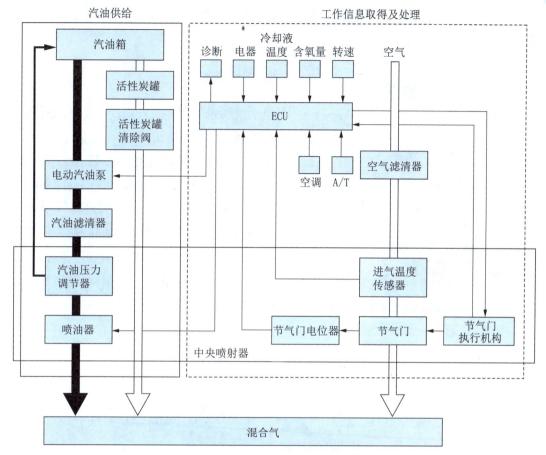

◆ 图3-2 Mono-Jetronic系统的工作

3.2 汽油供给系统

一、概述

（1）汽油供给系统，由电动汽油泵将汽油经汽油滤清器，送入中央喷射器的电磁控制式喷油器内，如图3-3所示。

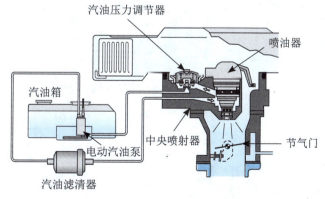

◆ 图3-3 汽油供给系统的组成

89

（2）电动汽油泵可分为箱内（In-Tank）式或箱外（In-Line）式，Mono-Jetronic系统通常是采用箱内式。

二、电动汽油泵

（1）电动汽油泵装在塑胶外壳内，上下以胶环支撑，入口处有滤网，如图3-4所示。

（2）电动汽油泵的构造如图3-5所示，为一种两段流动式汽油泵。侧槽油泵（Side Channel Pump）是作为初阶段（Preliminary Stage）用，而周围油泵（Peripheral Pump）则作为主阶段（Main Stage）用，两阶段均整合在一个叶轮（Impeller Wheel）内；输出端盖上的止回阀（Check Valve），在电动汽油泵停止作用后，可保持一段时间油压。

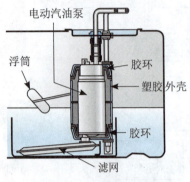

◆ 图3-4 电动汽油泵的安装

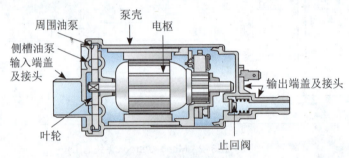

◆ 图3-5 电动汽油泵的构造

（3）油泵部分的构造如图3-6所示。事实上，初阶段与主阶段的功能是完全相同的，差别之处，是叶轮与油槽的设计形状不同而已。本油泵可迅速送出油压。

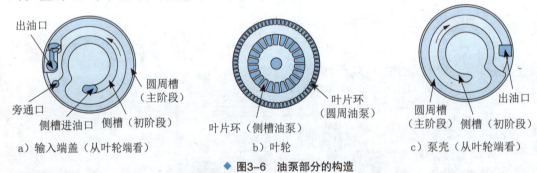

◆ 图3-6 油泵部分的构造

（4）本电动汽油泵的特点为泵油性能极佳、静音性良好及几乎没有压力脉动（Pressure Pulsation）。

三、汽油滤清器

（1）汽油滤清器内纸滤芯的孔径为10μm，为了将未过滤与过滤后的汽油完全隔离，因此封环是密合在耐冲击塑胶外壳的内部。图3-7所示为汽油滤清器的构造。

（2）依汽油的清净度与滤清器的大小，汽油滤清器的更换里程在30 000～80 000 km。

四、汽油压力调节器

（1）汽油压力调节器（Fuel Pressure Regulator）用以维持管路压力恒定，约在100 kPa。Mono-Jetronic系统的汽油压力调节器装在中央喷射器上，如图3-8所示。

（2）汽油压力调节器的构造，如图3-8所示，由膜片隔成上室和下室，上室内有弹簧，并与大气压力相通，下室为电动汽油泵的供油压力；阀板（Valve Plate）、阀定位组（Valve Holder）与膜片合为一体移动。

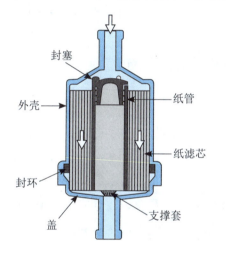

◆ 图3-7　汽油滤清器的构造

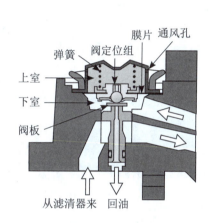

◆ 图3-8　汽油压力调节器的构造及作用

（3）当电动汽油泵送出汽油时，若油压大于膜片上方的弹簧力时，阀板向上，多余的汽油流回油箱，使上室和下室间的压差保持在100 kPa。当电动汽油泵不工作时，阀板关闭回油出口，而电动汽油泵的止回阀也关闭，因此管路内的压力可以保持一段时间。

五、喷油器

（1）喷油器（Fuel Injector）与汽油压力调节器都是装在中央喷射器的上段部位和节气门的正上方，如图3-9所示。

（2）喷油器由电磁线圈、枢轴（Armature）、阀轴（Valve Needle）等组成，如图3-10所示。当电磁线圈无电压时，汽油压力加上枢轴上方的螺旋弹簧力，使阀轴压在座上，不喷油；当电压加在电磁线圈时，电磁吸力使枢轴向上，阀轴离开座约0.06 mm，汽油经环状间隙喷出。在阀轴前端的针阀（Pintle），可确保极佳的汽油雾化。

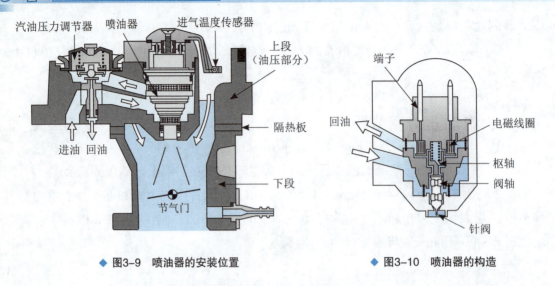

◆ 图3-9 喷油器的安装位置　　　　　◆ 图3-10 喷油器的构造

3.3 获取各种工作信息

◆ 一、进气量

（1）Mono-Jetronic系统的进气量（Air Charge）为非直接（Indirect）计测，是利用节气门角度α与发动机转速n的坐标定出相对进气量，如图3-11所示。因此节气门处各元件间必须精密配合，也就是节气门总成是一个非常精密的装置，能提供精确的节气门角度信号给ECU；而发动机转速信号是由点火系统取得，也就是Mono-Jetronic系统无曲轴位置传感器，即博世常称的发动机转速传感器（Engine Speed Sensor），必须等到改良为Mono-Motronic系统时，才有安装发动机转速传感器。

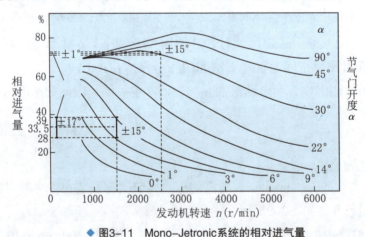

◆ 图3-11 Mono-Jetronic系统的相对进气量

（2）节气门电位器（Throttle Valve Potentiometer）。

①节气门电位器负责将节气门开度信号送给ECU。

②电位器的转动臂固定在节气门轴上，接触片使各组的电阻轨道与搜集轨道相连接，5V参考电压信号从电阻轨道经搜集轨道送出，如图3-12所示。

第3章 单点汽油喷射系统

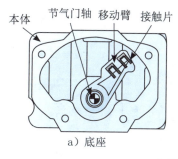
a）底座

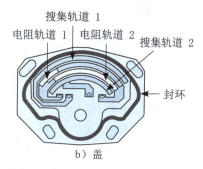
b）盖

◆ 图3-12 节气门电位器的构造

③电阻轨道1的角度范围为0°~24°，电阻轨道2的角度范围为18°~90°，每一组电阻轨道分别送出角度信号α给ECU，有不同的A/D转换器负责处理。

二、发动机转速

（1）监测点火信号的周期，由ECU处理，即可得对应的发动机转速。

（2）点火信号可利用由点火触发器（Ignition Trigger Box）处理过的脉冲TD，或点火线圈低压侧的电压信号US，如图3-13所示。同时，这些点火信号也可用来触发喷射脉冲，每一个点火脉冲触发一个喷射脉冲。

三、冷却液温度与进气温度

（1）冷却液温度传感器也是采用NTC电阻。

（2）进气密度会因温度而变化，因此在喷油器旁的进气通道上安装进气温度传感器，也是采用NTC电阻，如图3-14所示。

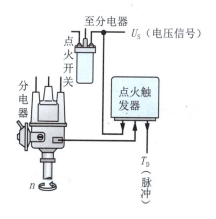

◆ 图3-13 点火信号的取得

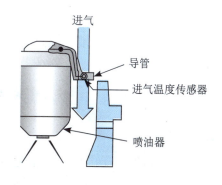

◆ 图3-14 进气温度传感器的安装位置

四、怠速与全负荷

（1）怠速与全负荷状态必须准确侦测，使汽油喷射量最适当化。

（2）怠速信号是由在节气门驱动装置（Throttle Valve Actuator）的怠速开关（Idle

Switch）送出，如图3-15所示，当节气门关闭时，柱塞使怠速触点闭合，送出闭合信号给ECU。

（3）全负荷信号则是由节气门电位器送出。

五、蓄电池电压

（1）电磁式喷油器的作用与结束时间会受到蓄电池电压变化的影响。如果在发动机运转期间系统电压发生变化，ECU会调整喷射时间，以补偿喷油器在反应时间上的延迟。

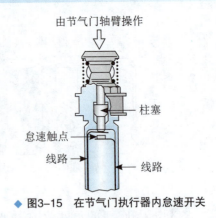

◆ 图3-15 在节气门执行器内怠速开关

（2）在低温起动发动机，蓄电池电压低时，ECU也会使喷油器的喷射时间延长。

（3）蓄电池电压经A/D转换器后，变成数字信号再送入微处理器。

六、空调作用与变速器入挡

当空调ON或变速器入挡，发动机负荷增加使转速降低时，ECU会补偿，使怠速转速提高。

七、排气含氧量

（1）要达到有效的闭环回路控制，无加热式氧传感器的排气温度必须达350℃以上，而加热式氧传感器的排气温度则须达200℃以上。

（2）Mono-Jetronic系统也采用加热式氧传感器，其优点为：
①在低排气温度，即起动发动机后热车或怠速时，具有可靠的闭环回路控制。
②冷车起动发动机后，能最少延迟，迅速反应，达到有效的闭环回路控制。
③由于传感器所需反应时间短，故废气排放量少。
④由于传感器不是靠排气加温，故安装位置选择性多。

3.4 信息处理及控制

一、ECU

（1）ECU以25端子的插座与蓄电池、各传感器、开关及各执行器连接。

（2）ECU的作用框图，如图3-16所示。

二、各项特殊控制

1. 发动机冷起动时空燃比修正

（1）发动机冷起动时，汽油的蒸发会受到冷空气温度、冷进气歧管壁温度、高进气歧管压力、低空气流速等的影响，而在歧管内壁堆积一层汽油膜，如图3-17所示。汽油膜甚至也会堆积在汽缸壁上。

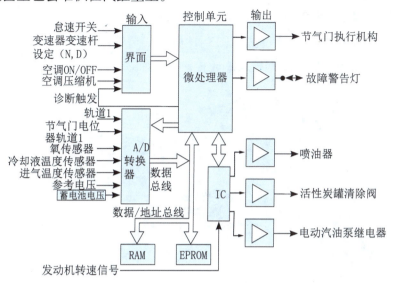

◆ 图3-16 ECU的作用框图

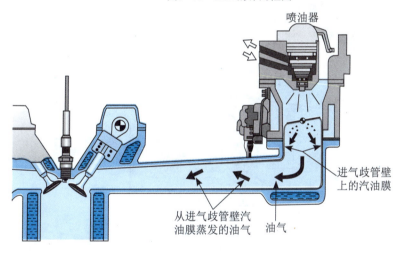

◆ 图3-17 发动机冷起动时的汽油膜堆积

（2）在发动机冷起动时，喷油器的持续喷油（Injection Duration）时间会延长，以提供足够的可燃混合气。

（3）在发动机冷起动时，若发动机起动转速快，则空气流速快，堆积在管壁的汽油会变少，因此喷油器的持续喷油时间会缩短。

2. 怠速控制

（1）怠速控制，可以降低及稳定怠速，并在发动机整个使用寿命内，维持怠速一定。Mono-Jetronic系统不需要调整怠速或怠速混合比，这部分是不需要维护（Maintenance Free）。

（2）在各种不同工作状况下，如电路系统重负载、空调开关ON、变速器入挡或动力转向最大负荷等，ECU均会控制节气门控制机构，使节气门打开一定角度，以维持正确的怠速转速。

（3）节气门执行器（Throttle Valve Actuator）。

①节气门控制机构的安装位置如图3-18所示。节气门控制机构的构造如图3-19所示，由一组直流电动机，经蜗杆及蜗轮控制驱动轴。

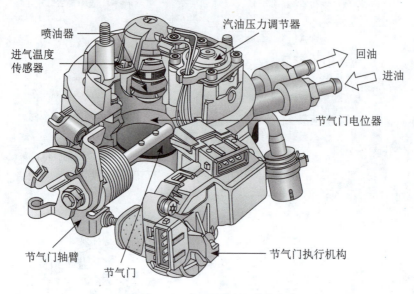

◆ 图3-18 节气门控制机构的安装位置

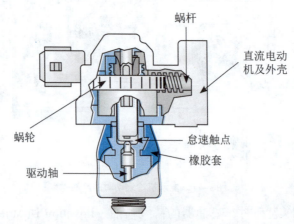

◆ 图3-19 节气门控制机构的构造

②依据电动机的旋转方向控制节气门，当驱动轴移出时，使节气门打开；当驱动轴缩回时，使节气门关闭。驱动轴上有怠速触点，当节气门轴臂紧压驱动轴时，怠速触点闭合，送出怠速信号给ECU。

3.5 Mono-Motronic系统

（1）众所周知，博世的Motronic是一种集中控制系统，那么将Mono与Motronic放在一起，意即Mono-Motronic的发动机管理系统，是将汽油喷射与电子点火整合在一起控制，如图3-20所示。与Mono-Jetronic系统的不同处是没有分电器，采用无分电器电子点火系统，并有EGR控制与爆震控制等。

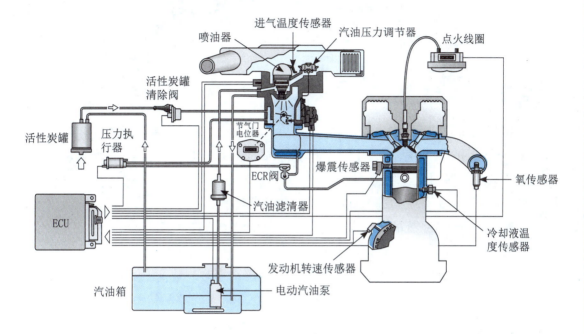

◆ 图3-20 Mono-Motronic系统的组成

（2）Mono-Motronic系统整合了汽油喷射与点火两个子系统（Subsystem）一起控制，可得到最精确的汽油计量与点火提前控制；同时因只采用一个ECU做控制，所以成本较低，且可靠性高。

（3）Mono-Motronic系统的优点。

①精确计量汽油喷射量，并在热车运转时，依据冷却液温度修正点火提前，使油耗降低。

②在所有运转状态精确修正点火角度，使油耗降低及排气污染降低。

③由于动态点火正时（Dynamic Ignition Timing）的作用，使怠速稳定。

④加速或减速时，由于点火时间的调节，使驾驶舒适性提高。

⑤由于点火时间的调节，改善了自动变速器的换挡振动。

理论测试

一、判断题

1. 单点汽油喷射系统是电脑控制、低压、节气门上方间歇喷射的系统。（　）
2. Mono-Jetronic系统，汽油压力调节器、喷油器及进气温度传感器，均装在中央喷射器的上段部位。（　）
3. Mono-Jetronic系统的进气量可直接以传感器计测。（　）
4. Mono-Jetronic系统的发动机转速信号，是由曲轴位置传感器送出。（　）
5. Mono-Jetronic系统的怠速信号是由节气门开关的怠速触点提供。（　）
6. Mono-Jetronic系统，当空调开关ON或变速器入挡时，是直接使节气门打开，以调整怠速。（　）
7. Mono-Motronic系统是整合汽油喷射与点火一起控制。（　）
8. Mono-Motronic已进展到采用无分电器点火系统，并有EGR与爆震控制等。（　）

二、选择题

1. Mono-Jetronic系统，汽油压力调节器调节的管路压力约在_____kPa。（　）
   （A）60　　　　（B）100　　　　（C）150　　　　（D）250
2. Mono-Jetronic系统，喷油器是否喷油，是依据_____。（　）
   （A）油压的高低　　　　（B）回油量的多少
   （C）电磁线圈的通电与否　（D）喷油器的安装位置
3. Mono-Jetronic系统的进气量是以_____。（　）
   （A）翼板式空气流量计直接计测
   （B）歧管绝对压力传感器间接计测
   （C）热线式空气流量计计测
   （D）节气门开度及发动机转速算出相对进气量
4. 要达到有效的闭环回路控制，有、无加热式氧传感器的排气温度分别必须达_____℃以上。（　）
   （A）200、350　　（B）150、200　　（C）350、200　　（D）200、100

5. 进气歧管内壁较不易堆积油膜的情况是_____。　　　　　　　　（　）

（A）低空气流速　　　　（B）冷空气温度

（C）高进气歧管压力　　（D）低进气歧管压力

6. Mono-Jetronic系统的怠速控制，是靠_____。　　　　　　　　　（　）

（A）空气阀　　　　　　（B）节气门控制机构

（C）IAC阀　　　　　　（D）冷车起动喷油器

三、简答题

1. Mono-Jetronic系统使用的传感器信号有哪些？

2. 试述汽油压力调节器的作用。

3. Mono-Jetronic系统的进气量是如何计测得到的？

4. 写出Mono-Jetronic系统采用加热式氧传感器的优点。

5. Mono-Jetronic系统在各种不同工作状况下如何控制怠速？

6. 什么是Mono-Motronic系统？与Mono-Jetronic系统有何不同处？

第4章

多点汽油喷射集中控制系统

- 4.1 概述
- 4.2 进气系统
- 4.3 汽油供给系统
- 4.4 ECM的各种控制功能

4.1 概　述

一、集中控制系统概述

（1）为兼顾省油与保证动力输出，及符合日趋严格的排放法规要求，汽油喷射系统从20世纪80年代开始发展为集中控制（Integrated Control）方式，也就是ECU除了控制汽油喷射外，同时还控制点火提前、怠速等，并具备自我诊断、故障安全及备用功能。

（2）事实上，集中控制系统发展至今，除了上述各种控制外，还与其他独立系统的ECU互通信息，以进行更进一步的必要控制，已经进展到综合控制的阶段，图4-1所示为丰田公司的TCCS（Toyota Computer-Controlled System）综合控制。以TRC（Traction Control）即TCS控制为例，当驱动轮打滑时，除增加驱动轮制动轮缸的制动压力外，也可同时使发动机进气管的副节气门关闭，以降低发动机的输出转矩，来减少驱动轮的打滑，在TRC ECU、Engine ECU以及ABS ECU间都随时互通信息，以进行各自必要的控制。图中ESA表示电子点火提前（Electronic Spark Advance），ECT表示电子控制变速器（Electronically-Controlled Transmission），TEMS表示丰田电子调节悬架（Toyota Electronically-Modulated Suspension）。

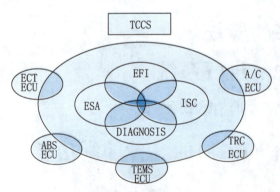

◆ 图4-1　TCCS的综合控制

（3）博世公司的Motronic、日产公司的ECCS（Electronic Concentrated Control System）、本田公司的PGM-FI（Programmed Fuel Injection）、福特公司的EEC（Electronic Engine Control）等集中控制系统，现在也都已进展到综合控制阶段。

二、进气歧管多点汽油喷射系统概述

（1）进气歧管多点汽油喷射系统，可分为进气系统、汽油供给系统及电子控制系统三部分，如图4-2所示。本章主要介绍进气系统、汽油供给系统及各种附属控制功能，有关电子控制系统的电脑、传感器及执行器，除必要的补充叙述外，其他详细内容请参阅第1章。

多点汽油喷射集中控制系统 第4章

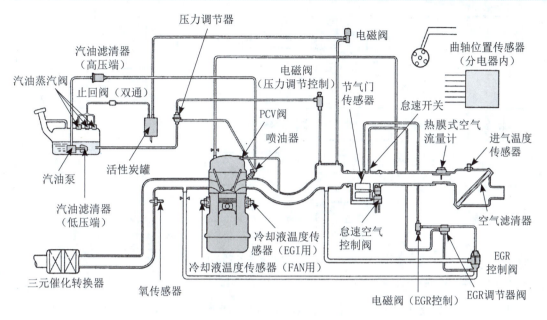

◆ 图4-2 进气歧管多点汽油喷射系统的组成

（2）进气系统。

①空气从空气滤清器，流经空气流量计计量后，进入节气门体、进气总管及进气歧管，再送入汽缸，如图4-3所示。

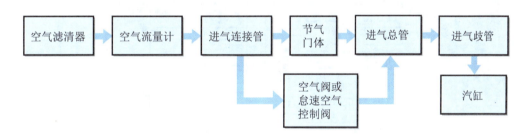

◆ 图4-3 进气系统的工作流程

②流经空气阀或怠速空气控制阀的空气也经过空气流量计计量，以提供发动机在起动、热车、动力转向或空调运转时的怠速转速控制。

（3）汽油供给系统。

①汽油从油箱被电动汽油泵送出，以一定压力送经汽油滤清器、汽油脉动缓冲器，从冷车起动喷油器及各缸喷油器喷出，如图4-4所示。

②现代电脑控制间歇汽油喷射系统均已不采用冷车起动喷油器，而是以各缸喷油器同步喷射汽油来取代冷车起动喷油器的作用。

③汽油脉动缓冲器的作用，是为吸收汽油喷射时所产生的压力脉动。而压力调节器则是使汽油压力与进气歧管真空相加的油压保持在一定值。

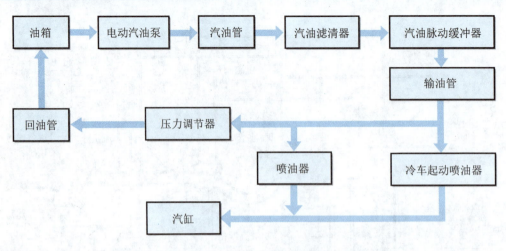

◆ 图4-4 汽油供给系统的工作流程

（4）电子控制系统。

①电子控制系统是由ECM、各传感器与各执行器所组成，由各传感器侦测发动机的各种状况，将信号送给ECM，由ECM进行各种不同的控制作用。

②ECM接收曲轴位置传感器、爆震传感器、空气流量计、冷却液温度传感器、节气门位置传感器、车速传感器、氧传感器等信号，以进行喷射正时与喷油量控制、点火正时控制、怠速转速控制、汽油泵控制、加速期间空调控制、EGR阀与EVAP活性炭罐清除控制等，如图4-5所示。

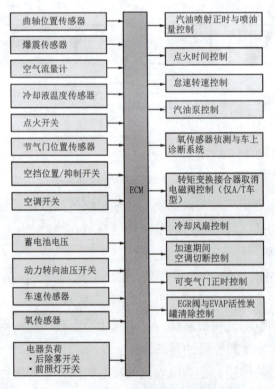

◆ 图4-5 电子控制系统的作用

4.2 进气系统

一、概述

（1）进气系统是由进气管、空气滤清器、节气门体、进气总管、进气歧管等组成，如图4-6所示。进气管上通常装有共鸣室（Resonator Chamber），以减少进气时所产生的噪声。

（2）大多数直列横置发动机的节气门体及进气歧管都在发动机舱的后方，也就是靠近防火墙；但现代新型汽油喷射发动机，已逐渐将进气歧管改到发动机舱前方，排气歧管改到发动机舱后方，以顺应空气流动方向，将排气歧管总成的热量向下导引，直接从汽车底下散发。

二、节气门体

（1）节气门体（Throttle Body）安装在空气流量计与进气总管间的进气管上。一般发动机节气门是与驾驶室加速踏板连接，使进气通道面积改变，以操纵发动机的运转状态；但现代新型发动机，节气门已逐渐改为电子控制，在节气门与加速踏板间的钢制导线已经不需要了，称为电子节气门控制（Electronic Throttle Valve Control, ETC）。

（2）节气门体的基本构造，如图4-7所示，旁通道及其调整螺钉为早期发动机所采用，发动机怠速可由调整通过旁通道的空气量而改变，顺时针转动调整螺钉，使通过旁通道的空气量减少，发动机怠速转速降低；逆时针转动，则增加旁通空气量，发动机怠速转速升高。

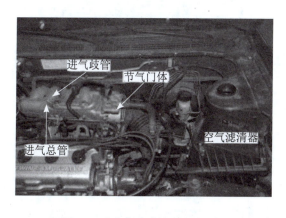

◆ 图4-6 多点汽油喷射系统的进气系统

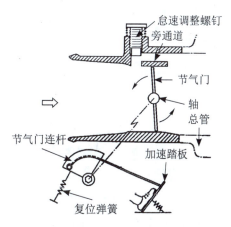

◆ 图4-7 节气门体的基本构造

（3）图4-8所示的本田汽车所采用的节气门体，是较新型且目前仍普遍使用的发动机的节气门体，上面装有节气门角度传感器、怠速调整螺钉、冷却液通道及不可调整的节气门止动螺钉等。

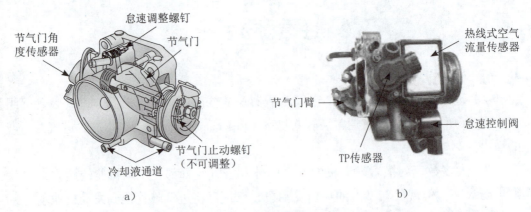

图4-8 本田汽车采用的节气门体

三、进气总管及歧管

（1）由于空气是间歇吸入汽缸，这种进气脉动会使采用翼板式空气流量计的翼板产生振动，导致空气计量不准确，因此进气总管必须有相当的空间，以缓和空气的脉动，如图4-9所示。

（2）现代汽油喷射发动机许多都采用上吸式进气歧管，可减少气流阻力，提高进气量，如图4-10所示。

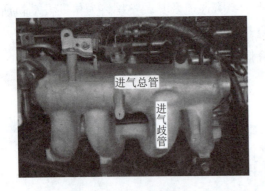

图4-9 进气总管与歧管的构造

图4-10 上吸式进气歧管

四、怠速控制阀的构造及作用

1. 概述

（1）不论发动机的新旧或怠速控制阀的形式，怠速控制阀不是装在节气门本体上，就是装在连通节气门前、后的空气旁通道上，因此本节针对怠速控制阀做详细介绍。

（2）按照怠速控制阀的新旧及是否为ECM控制式，可分为早期的空气阀（Air Valve），又称辅助空气装置（Auxiliary Air Device），及较新的怠速控制（Idle Speed Control, ISC）阀，又称怠速空气控制（Idle Air Control, IAC）阀。

按照怠速控制阀的新旧及有无ECM控制分 ──┬── 空气阀（无ECM控制）
　　　　　　　　　　　　　　　　　　　└── ISC阀或IAC阀（ECM控制）

①事实上，空气阀是作为快怠速（Fast Idle）调节用，发动机热车后即停止工作；热车后的怠速，若是靠旁通道上的怠速调整螺钉调节，是无法符合发动机的需求的；较旧型发动机再增设一个专门调节怠速的控制阀，如此会使构造变复杂，且成本增加。因此现代汽油发动机均装设一个ISC（IAC）阀，以调节从快怠速至一般怠速的转速。

②目前汽车中安装空气阀的车辆数目仍然很多，如丰田Corona 1.6 4A-FE发动机。

2．空气阀的构造及作用

1）空气阀的功用

使冷发动机以快怠速运转，以维持稳定运转及迅速加热发动机。

2）空气阀的安装位置

空气阀装在连通节气门前、后的空气旁通道上，如图4-11所示。

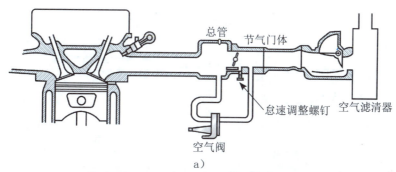

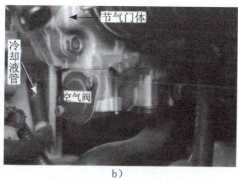

◆ 图4-11　空气阀的安全位置

3）空气阀的种类

空气阀的种类 ──┬── 电热线圈及热偶片式
　　　　　　　　└── 蜡球式

4）电热线圈及热偶片式空气阀

（1）电热线圈及热偶片式空气阀由热偶片（Bimetal）、电热线圈、入口阀及回拉弹簧等组成，如图4-12所示。入口阀的下端与热偶片连接，热偶片弯曲时会使入口阀旋转，使空气入口面积变小。

（2）冷发动机刚起动时，空气入口面积最大，快怠速转速最高，如图4-12 a）所示；随着电热线圈加热，热偶片因热而慢慢向右弯曲时，入口阀逐渐关闭旁通空气入口，至全关闭时，快怠速停止作用，如图4-12 b）所示。

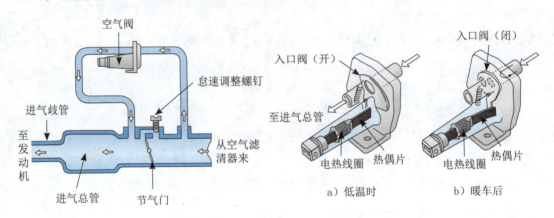

◆ 图4-12　电热线圈及热偶片式空气阀的构造及作用

5）蜡球式空气阀

（1）蜡球式空气阀由感温蜡球（Wax）、弹簧及提动阀等组成，如图4-13所示。发动机冷却液引入感温蜡球处，这种方式是以冷却液温度控制旁通道的面积，采用较多。

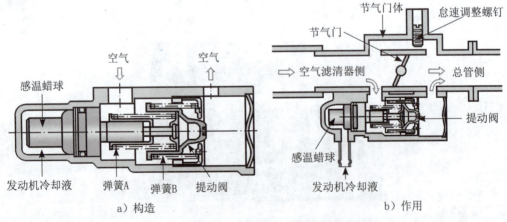

◆ 图4-13　蜡球式空气阀的构造及作用

（2）发动机冷却液温度低时，感温蜡球收缩，弹簧将提动阀向左推，旁通空气通道面积最大，发动机以快怠速运转；随着冷却液温度上升，蜡球膨胀，加上弹簧力，使提动阀向右逐渐关闭，快怠速转速作用结束。其旁通空气的流量特性如图4-14所示，冷却液温度超过80℃时，空气阀完全关闭。

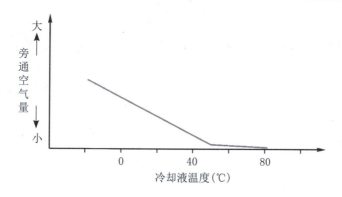

◆ 图4-14 蜡球式空气阀旁通空气的流量特性

（3）空气阀在关闭状态下，可能还有微量空气通过，影响的怠速转速在50 r/min以下。

3. ISC（IAC）阀的构造及作用

1）概述

（1）早期的汽油喷射发动机，当怠速时，节气门是在关闭的状态，此时空气会通过节气门的间隙及由怠速调整螺钉调节通道大小的旁通道，以供应发动机之所需。

（2）发动机利用此空气配合喷油燃烧产生动力，运转摩擦力可由做功动力吸收，但发动机的摩擦力会随着时间的经过而变化，或节气门的间隙处附着微细的灰尘，使空气量发生变化时，怠速转速也会跟着变化。当怠速转速下降时，发动机会不稳定，使驾驶人感受到不舒服的振动，且发动机容易熄火；反之，如果怠速转速调高时，汽油消耗会增加。

（3）为避免上述的情形发生及配合行车状况，如空调、动力转向或电器负荷作用等，因此怠速转速必须做适当的控制。例如，随着发动机冷却液温度越低时，控制转速越高，以达到快怠速的作用，且通常不必再使用空气阀。另外，很多发动机会对应空气调节压缩机工作时，提高控制转速，以避免因发动机负荷增加，造成怠速下降而抖动；有些甚至在节气门急速关闭的瞬间，增加空气量，使具有缓冲器（Dash Pot）的功能。

2）ISC（IAC）阀的不同名称

各汽车厂对本控制阀的称呼各有不同，但功能都是相同的。本节的称呼以OBD-Ⅱ的名词为准。

（1）怠速控制（Idle Speed Control, ISC）阀：OBD-Ⅱ名词。

（2）怠速空气控制（Idle Air Control, IAC）阀：OBD-Ⅱ名词。

（3）电子空气控制阀（Electronic Air Control Valve, EACV）：本田汽车采用。

（4）怠速控制（Idle Speed Control, ISC）阀：丰田汽车采用。

（5）旁通空气（Bypass Air Control, BAC）阀或ISC阀：福特汽车采用。

（6）怠速空气控制阀（Idle Air Control Valve, IACV）：日产汽车采用。

（7）ISC阀或IAC阀：通用汽车采用。

（8）自动怠速（Automatic Idle Speed, AIS）阀：戴姆勒-克莱斯勒汽车采用。

3）ISC（IAC）阀的功用

由ECM控制ISC（IAC）阀通电时间的长短或通电的方向，改变旁通空气量，以进行发动机在各种运转状况时的怠速转速修正。

4）ISC（IAC）阀的种类

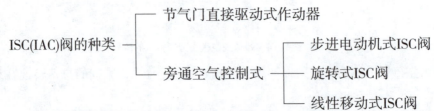

5）节气门直接驱动式执行器

（1）用在单点喷射系统，与中央喷射器组合为一体的节气门直接驱动式执行器，如图4-15所示，当执行器在节气门全闭位置时，移动杆会左右移动，以调节节气门的通道面积。执行器是由产生旋转力量的直流电动机、增加旋转力量的减速齿轮、及将旋转动作改变为移动杆的直线动作的螺旋杆等所组成。

（2）采用这种方法虽然有强大的作用力及良好的控制位置稳定性，但由于减速机构所造成的位移速度会减慢，因此控制反应性较差。

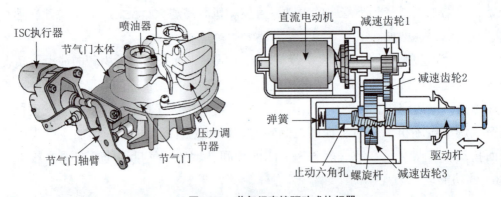

◆ 图4-15 节气门直接驱动式执行器

6）步进电动机式ISC阀

（1）在ISC阀内有一步进电动机，由ECM控制，让转子顺向或逆向旋转，使阀门上下或左右移动，改变阀门与阀座间的间隙，调节通过旁通道的空气量，以改变怠速转速，使用很普遍。因步进电动机式ISC阀通过的空气流量大，故也可用来控制快怠速，因此不必再使用空气阀。

（2）步进电动机式ISC阀由永久磁铁制转子、二或四组定子线圈、螺旋杆、阀门及阀座等组成，如图4-16 a）所示。步进电动机的定子是由两组有16极的铁芯、互相以半个磁极交错而成；每一铁芯上缠绕两组线圈，其缠绕方向相反，故两组铁芯总共有四组定子线圈，如图4-16 b）所示。

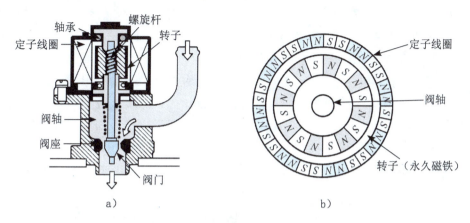

◆ 图4-16　步进电动机式ISC阀的构造

（3）步进电动机转子旋转方向的改变，是由ECM改变送往四组定子线圈脉冲的顺序引起的。如果定子与转子是16磁极式时，则脉冲每次送给一组线圈，转子会转1/32转，即11.25°，此角度称为步进角（Step Angle）。当定子线圈数多且磁极数多时，步进角会越小，控制作用会越精确。

（4）也就是说当脉冲信号作用在其中一组定子线圈时，转子会转动一定的角度值，称为一个步进数（Step），步进数越多，步进角会越小，当然步进电动机所控制的旁通空气量会越精确。一般发动机ISC阀的步进电动机，一转为24个步进数，每一步进数的步进角为15°，ECM控制的步进数为125~130。

（5）步进电动机式ISC阀的控制电路及作用。

①步进电动机式ISC阀的电路如图4-17所示，为丰田汽车所采用。各种冷却液温度传感器及空调等负载工作时，所设定的怠速转速都储存在ECM的存储器内。ECM以节气门位置传感器与车速传感器信号，判断发动机是否在怠速状态，再输出控制信号，按序触发各晶体管ON，使电流流入各线圈，直至达到目标怠速为止。

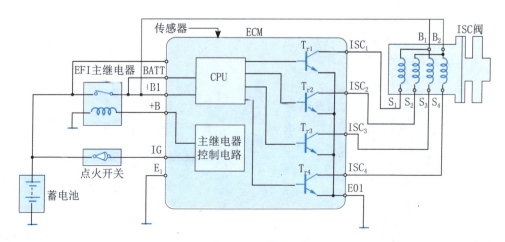

◆ 图4-17　步进电动机式ISC阀的控制电路

②熄火后控制：点火开关转至OFF时，供给ECM及ISC阀的电流必须持续一段时间，让ISC阀在125步进数的全开状态，为最大旁通空气量，使发动机容易起动。因此，ECM的主继电器控制电路会输出12 V电压，使主继电器保持在ON状态，直至ISC阀在全开位置，ECM才切断主继电器线圈的电流。

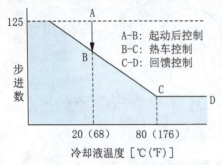

◆图4-18　ISC阀的关闭作用

③起动后控制：起动后根据冷却液温度的高低，ISC阀由第125步进数关闭到一定的步进数，如图4-18所示，在冷却液温度20℃时，由全开的A点，逐渐关闭到B点。

④热车控制：冷却液温度逐渐上升时，ISC阀也渐渐关闭。当冷却液温度达到80℃时，ISC阀的快怠速控制在C点结束。

⑤回馈控制：当怠速触点ON、车速低于设定值及冷却液温度超过80℃时，回馈控制起作用，当实际转速与目标转速相差超过20 r/min时，ECM送出控制信号至ISC阀，以增加或减少旁通空气，使实际转速与目标转速相等。

⑥负荷变化转速控制：因换挡、A/C开关ON等负荷增加时，在怠速改变前，ECM送出信号到ISC阀，开启定量的旁通道；另因电器负荷而导致蓄电池电压降低时，送至ECM的端子电压降低，ECM会使ISC阀提高怠速转速。

7）旋转式ISC阀

（1）旋转式ISC阀，是由ECM所送出的工作时间比率（Duty Ratio）脉冲信号，使电动机的电枢转动，带动旋转阀打开旁通空气通道。这种ISC阀体积小、质量轻，且旁通空气流量大，因此不需与空气阀搭配使用，采用也很普遍。

（2）旋转式ISC阀常采用永久磁铁电动机式，按照电枢上的线圈数可分单线圈型与双线圈型两种。

（3）单线圈型旋转式ISC阀。

①单线圈型旋转式ISC阀由永久磁铁、电枢、线圈及旋转阀等组成，如图4-19所示。

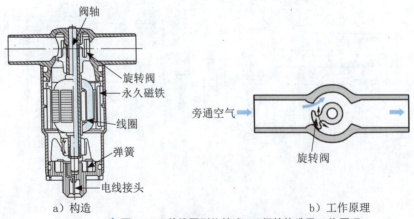

◆图4-19　单线圈型旋转式ISC阀的构造及工作原理

②其工作原理为根据ON的时间长短，即工作时间比率大小，电动机电枢旋转一定转数，然后带动旋转阀转动，打开旁通空气通道，以调节一定的怠速转速。

（4）双线圈型旋转式ISC阀。

①双线圈型的构造与单线圈型大致相同，但电枢上有两组线圈，因此工作原理方式也略有不同。

②博世 Motronic 系统的怠速控制，单线圈型及双线圈型旋转式ISC阀都有采用。图4-20所示为双线圈型旋转式ISC阀的构造及工作原理，根据两组线圈工作时间比率的谁大谁小，电枢朝某一方向转动，因而带动旋转阀打开或关闭旁通空气通道。

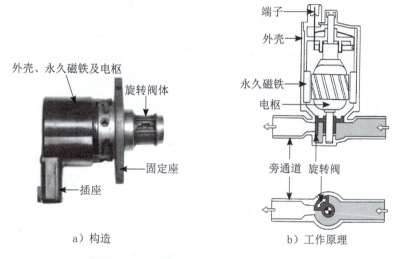

◆ 图4-20 双线圈型旋转式ISC阀的构造及工作原理

8）线性移动式ISC阀

（1）所谓线性移动式，是指开闭旁通道的阀门为线性移动，与步进电动机式相同，但步进电动机式是由步进电动机带动阀轴、阀门移动，而线性移动式是利用电磁线圈。本形式的阀通过的空气量较少，故必须与控制快怠速的空气阀配合使用。

（2）线性移动式ISC阀（EACV）的构造及安装位置，如图4-21及图4-22所示，为本田汽车所采用。

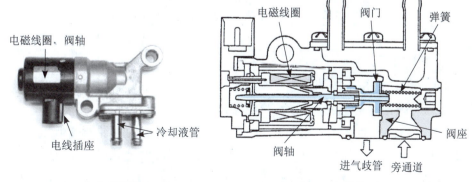

◆ 图4-21 线性移动式ISC阀（EACV）的构造

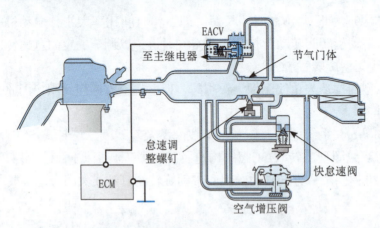

◆ 图4-22 线性移动式ISC阀（EACV）的安装位置

①EACV由电磁线圈、阀轴、阀门、阀座及弹簧所组成。由ECM控制工作时间比率的大小，使电磁线圈产生电磁吸力，阀门打开一定的程度，让旁通空气通过，以控制怠速转速。电磁线圈通电时间越长，阀门的开度就越大，怠速转速越高。

②与EACV配合使用的快怠速阀（Fast Idle Valve），就是空气阀，其构造及工作原理与感温（Thermal）式的蜡球式空气阀完全相同。如图4-23所示，为快怠速阀的构造，冷却液温度低时，蜡球收缩，提动阀开度大，以维持快怠速运转；冷却液温度上升后，蜡球膨胀，提动阀慢慢关闭，快怠速作用停止。

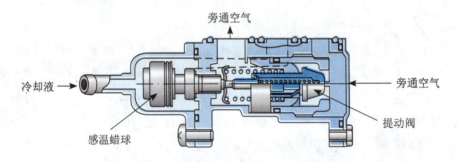

◆ 图4-23 快怠速阀的构造

4.3 汽油供给系统

◆ 一、概述

（1）汽油供给系统由油箱、电动汽油泵、主继电器、汽油滤清器、燃油共轨、压力调节器与喷油器等组成，如图4-24所示。

（2）汽油的流动路线，如图4-25所示。压力调节器的回油管让低压汽油流回油箱，但现代部分新型汽油喷射发动机，压力调节器是装在油箱内的电动汽油泵总成，故无回油管；另外，冷车起动喷油器用于早期的汽油喷射发动机，目前行驶中的车辆，大部分已不采用冷车起动喷油器。

第4章 多点汽油喷射集中控制系统

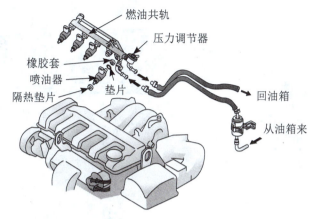

◆ 图4-24 汽油供给系统的组成

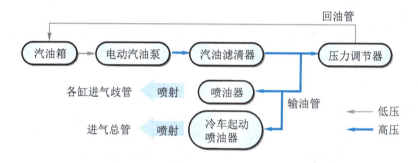

◆ 图4-25 汽油的流动路线

二、电动汽油泵

1. 电动汽油泵的种类

电动汽油泵的种类 ┬ 叶轮式（箱内式）
　　　　　　　　　└ 滚柱式（箱外式）

2. 叶轮式电动汽油泵

（1）叶轮式（Impeller Type）电动汽油泵装在油箱内，其油压波动小，体积小，质量轻，装在油箱内不占空间，且管路也很简单，使用非常普遍，如图4-26所示。

（2）叶轮式电动汽油泵由电动机、泵盖、叶轮、安全阀（Relief Valve）及止回阀（Check Valve）等所组成，如图4-27所示。安全阀与止回阀一样，都是装在出口侧，安全阀又称释放阀。

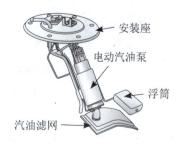

◆ 图4-26 叶轮式电动汽油泵总成

115

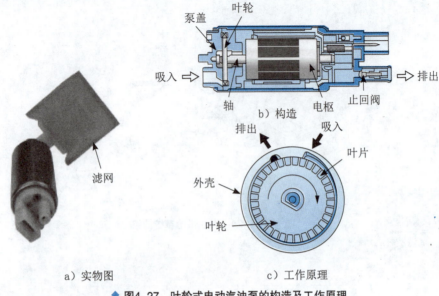

图4-27 叶轮式电动汽油泵的构造及工作原理

（3）叶轮式电动汽油泵的工作原理。

①发动机起动时，由主继电器（Main Relay）供电给汽油泵，电动机转动，带动叶轮旋转，因液体摩擦作用而产生压力。

②汽油从吸入口进入，由排出口经止回阀排出。

③若压力端油管堵塞时，安全阀被推开，汽油回到油箱，以免因油压过高造成油管破裂或泄漏。

④发动机停止运转时，汽油泵停止工作，此时止回阀关闭，使油管保持一定的油压，以利下一次的热车起动。

3. 电动汽油泵的控制

（1）汽油泵开关控制式。

①汽油泵开关控制式用于L-Jetronic系统或翼板式空气流量计式系统，利用空气流量计内汽油泵开关的打开或闭合，以控制电动汽油泵的工作与否。发动机熄火时，汽油泵开关打开；发动机运转时，汽油泵开关闭合。

②汽油泵开关控制式的电路，由主继电器（Main Relay）、电路开启继电器（Circuit Opening Relay）、汽油泵开关及电动汽油泵等所组成，如图4-28所示。

③起动电动机时，主继电器接点闭合，电路开启继电器的L_2线圈通电，触点接合，汽油泵开始泵油；发动机起动后，空气流量计内翼板打开，使汽油泵开关闭合，L_1线圈通电，故继电器内触点继续保持闭合，汽油泵持续工作。当发动机熄火或因故

停止运转时，空气流量计内汽油泵开关打开，汽油泵停止泵油，以免发生危险。

（2）ECM控制单段转速式。

①卡门涡流式空气流量计、热线式空气流量计及速度密度式等所采用的ECM控制单段转速式电动汽油泵电路，如图4-29所示。

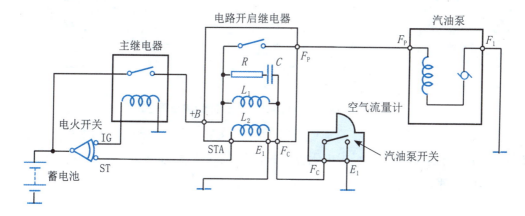

◆ 图4-28　汽油泵开关控制式电动汽油泵电路

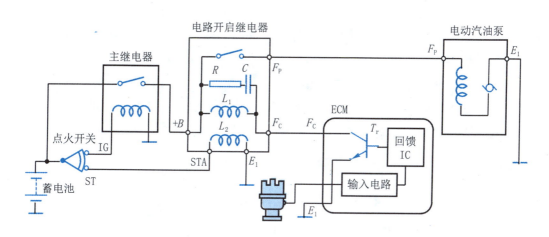

◆ 图4-29　ECM控制单段转速式电动汽油泵电路

②以ECM的晶体管代替汽油泵开关，控制汽油泵的工作。当点火开关转到ON尚未起动时，ECM会使L_1线圈通电2～5s，使汽油泵先泵油；起动电动机时，L_2线圈通电，汽油泵工作；发动机运转时，分电器送出转速信号给ECM，使L_1线圈通电，汽油泵继续泵油；当发动机停止运转时，晶体管断路，使汽油泵停止工作。

（3）ECM控制双段转速式。

①为了减少电力消耗及提高电动汽油泵的耐久性，有些汽油泵设计为低、高两段转速。

②低转速时：ECM持续计算每一固定期间内的汽油喷射量，如果只需少量汽油时，ECM使汽油泵控制继电器ON，触点接通，送到汽油泵的电流必须经过电阻器，使汽油泵以低速运转，如图4-30所示。

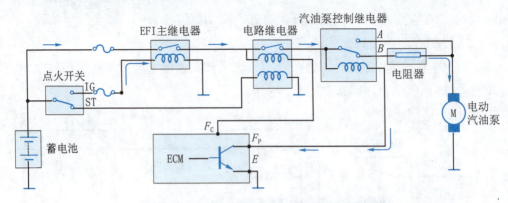

▲ 图4-30 ECM控制双段转速式电动汽油泵电路

③高转速时：当发动机在高速或重负荷时，ECM使汽油泵控制继电器OFF，触点接通，送到汽油泵的电流不经过电阻器，故汽油泵以高速运转。当发动机起动时，汽油泵也是以高速运转。

三、汽油滤清器

（1）汽油滤清器（Fuel Filter）的工作，是负责除去供给发动机的汽油中所含的氧化铁、灰尘等固体异物，以防止缓冲器、喷油器等堵塞，及避免机械的磨损，以确保发动机的稳定运转及耐久性。

（2）汽油滤清器装在汽油泵的出口端，因汽油滤清器的内部经常有200～300 kPa（2.04～3.06kg/cm^2）的压力，故耐压强度要求在500 kPa（5.1 kg/cm^2）以上，管路也采用螺纹旋紧式的金属配管，如图4-31所示。

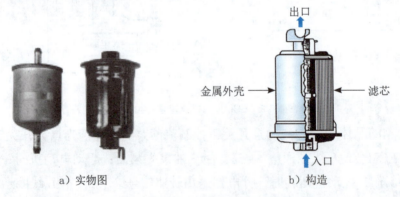

a) 实物图　　b) 构造

▲ 图4-31 汽油滤清器的构造

四、汽油脉动缓冲器

（1）汽油压力是由压力调节器维持在与进气歧管真空有关的一定范围内。但在汽油喷射时，油管内的压力会有轻微的脉动，装在燃油共轨上的汽油脉动缓冲器（Fuel Pulsation Damper）就是用来吸收此脉动，并可减低噪声。

（2）汽油脉动缓冲器装在燃油共轨上，其构造如图4-32所示，利用膜片及弹簧装置的缓冲效果来达到目的。现代汽油发动机由于汽油管路已被简化，通常不再需要此装置，不过仍有部分发动机采用。

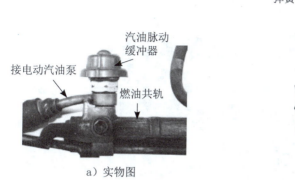
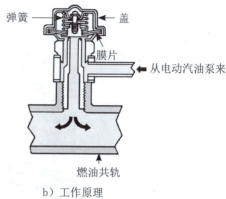

◆ 图4-32 汽油脉动缓冲器的工作原理

五、压力调节器
1. 概述

（1）发动机所需的汽油喷射量，是由ECM控制喷油器的通电时间来控制的。若不控制汽油压力，即使喷油器的通电时间一定，在汽油压力高时，汽油喷射量会增加；而在汽油压力低时，汽油喷射量则减少，因此喷射压力必须维持在一个常数。但由于汽油喷射时油压及进气歧管真空的变化，即使喷射信号与汽油压力都维持一个常数，汽油的喷射量也会有轻微的变化。因此，为了获得精确的喷油量，利用压力调节器（Pressure Regulator），使油压与进气歧管真空相加的汽油压力保持在如250 kPa（2.55 kg/cm^2）、290 kPa（2.96 kg/cm^2）或330 kPa（3.36 kg/cm^2），具体数值以发动机型式而定。

（2）总之，压力调节器的功能就是用来维持汽油压力与进气歧管压力两者相加为固定的压力值，例如250 kPa，当压力总和超过250 kPa时，压力调节器工作，汽油回油，使压力总和永远保持在250 kPa，如图4-33所示。因此燃油共轨内的实际压力，是随进气歧管真空而变化，真空大时油压低，真空小时油压高，使喷油量保持相同。

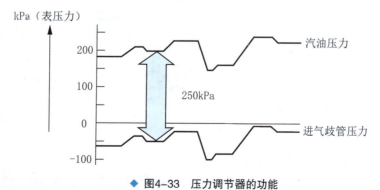

◆ 图4-33 压力调节器的功能

2. 压力调节器的构造及工作原理

（1）压力调节器通常是装在燃油共轨（Fuel Rail or Delivery Pipe）的一端，如图4-34所示。其外壳由金属制成，以膜片分隔成两室，弹簧室与进气歧管连接；汽油室一端接燃油共轨，另一端接油箱，如图4-35所示。

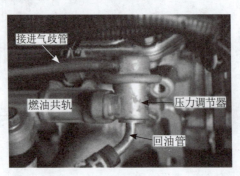

a）

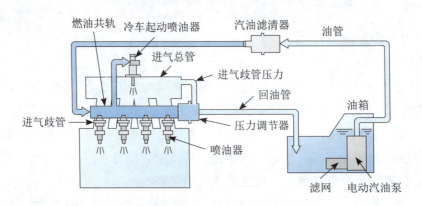

b）

◆ 图4-34 压力调节器的安装位置

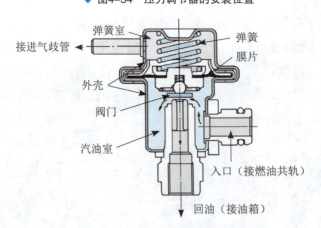

◆ 图4-35 压力调节器的构造

（2）共轨油压从入口进入压力调节器，压缩膜片，使阀门打开，回油量根据弹簧力而定；而进气歧管真空是接到弹簧室，会减弱弹簧力，使回油量增加，降低汽油压力。但汽油压力只降低因进气歧管真空所造成的压力减低幅度，因此汽油压力与进气歧管真空的总和，得以维持在一定值，例如怠速时汽油压力为250 kPa+（-50 kPa）=200 kPa；全负荷时的汽油压力为250 kPa+0 kPa=250 kPa。

（3）当汽油泵停止工作时，压力调节器的阀门关闭，与汽油泵止回阀间的管路内会保持一定的残压，以利下一次的起动。

3. 汽油无回油系统（Fuel Returnless System）

（1）现代新型汽油喷射发动机，如丰田的Corolla Altis、日产的Teana等，都采用无回油系统，即压力调节器是装在油箱内的电动汽油泵总成上，如图4-36及图4-37所示，不是装在燃油共轨上，因此无回油管，所以汽油不会从热发动机流回油箱中，故可避免油箱内的汽油温度升高，及减少排放到活性炭罐的HC。

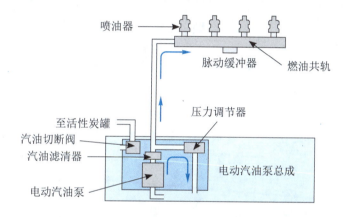

◆ 图4-36 汽油无回油系统（丰田 Motor Corporation）

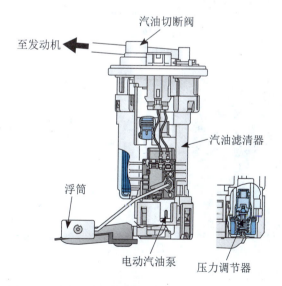

◆ 图4-37 电动汽油泵总成的组成（丰田 Motor Corporation）

（2）日产天籁无回油系统的压力调节器，其调整压力是固定在350 kPa（3.57 kg/cm²），且与进气歧管压力无关。

六、喷油器

1. 喷油器的功用

由电脑的控制信号,使喷油器(Injectors)阀门打开喷油,喷油量的多少,由信号时间的长短来控制。所谓信号,是电脑控制喷油器电路搭铁时间的长短,称为脉冲宽度(Pulse Width),电脑使喷油器电路搭铁时间越长,脉冲宽度越宽,喷油量越多。

2. 喷油器的种类

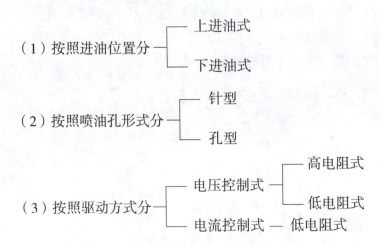

3. 喷油器按照进油位置分

上进油(Top-Feed)式喷油器:

①汽油从喷油器顶端进入,垂直向下流动。喷油器下端伸入进气歧管,上端连接燃油共轨,以扣夹固定,上、下均有O形圈,如图4-38所示。

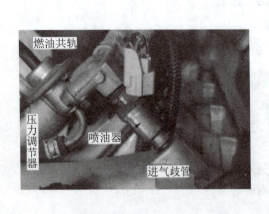
a)

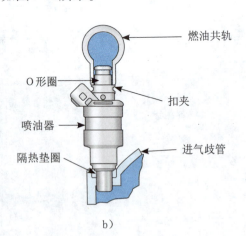
b)

◆ 图4-38 上进油式喷油器的安装

②上进油式喷油器由滤网、O形圈、电磁线圈、电枢(Armature)、阀体及针阀等所组成,如图4-39所示。

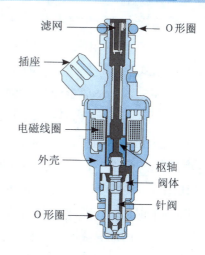

a）实物图　　　　　　　　　　　　　b）构造

◆ 图4-39　上进油式喷油器的构造

4. 喷油器按照喷油孔形式分

（1）针型喷油器：针阀的针尖延伸到喷孔中，针尖设计成锥状，以促进汽油雾化，如图4-39及图4-40 a）所示。

（2）孔型喷油器。

①孔型单限孔计量式：以精准口径的薄喷射限孔板（Injection-Orifice Disk）取代针形的针尖，因仅有单限孔，故汽油雾化较差，如图4-40 b）所示。

②孔型多限孔计量式：多限孔能像环状限孔计量（Annular-Orifice Metering）式一样，具有锥状喷射效果，可得到理想的雾化效果，如图4-40 c）所示。

③孔型多限孔计量双流喷射式：配合发动机多孔式的进气孔，限孔可设计成双流或多流喷射，以获得良好的汽油分配，如图4-40 d）所示。

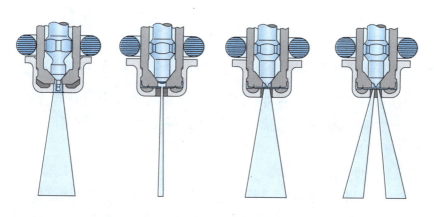

a）针型环状间　　b）孔型单限孔　　c）孔型多限孔　　d）孔型多限孔计量
　　隙计量式　　　　　计量式　　　　　计量式　　　　　双流喷射式

◆ 图4-40　不同喷油孔型式的喷油器

5. 喷油器依驱动方式分

（1）电压控制高电阻式喷油器。

①高电阻式喷油器，喷油器内部电阻为12～16Ω，工作电压为12V。

②当ECM内的晶体管ON时，喷油器电路接通，蓄电池电压经主继电器，直接供应给喷油器，图4-41所示为福特汽车采用的电压控制高电阻式喷油器电路。

（2）电压控制低电阻式喷油器。

①低电阻式喷油器，喷油器内部电阻为0.5～3.0Ω，工作电压通常为5～6V。

②线圈通电时会有阻抗（Inductance），圈数越多，阻抗就越大，会使喷油器针阀的开启动作越延迟。而喷油器的阀门开启不应有延迟情形，因此电磁线圈的缠绕圈数必须减少，并增加导线直径，以提高针阀的动作速度。

③但因电阻变小，大电流通过的结果，会使喷油器过热，缩短使用寿命。为解决此问题，将电阻器装在主继电器与喷油器之间，以减少送到喷油器的电流，如图4-42所示；同时必须注意，不可将12V的蓄电池电压直接加在低电阻式喷油器上，以免电磁线圈烧断。

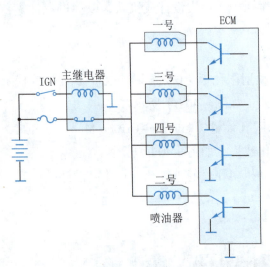

◆ 图4-41 电压控制高电阻式喷油器电路

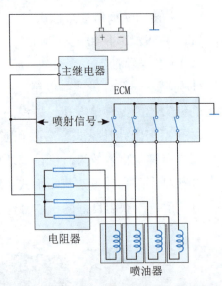

◆ 图4-42 电压控制低电阻式喷油器电路

④新型汽油喷射系统，省略掉外电阻，由改变喷油器线圈的材质，及变更ECM的控制程序，以改善喷射延迟现象，使接近理想的喷射曲线，电流控制低电阻式喷油器即属于这种形式。

（3）电流控制低电阻式喷油器。

①电流控制低电阻式喷油器，是将低电阻的喷油器直接与蓄电池连接，中间并无电阻器。电流是由ECM内晶体管的ON/OFF来控制，当喷油器开始喷射汽油时，大量电流流入电磁线圈，使针阀迅速开启，可改善喷射反应，减少无效喷射时间；汽油持续喷射针阀在吸住位置时，电流降低以避免喷油器过热，并减少电流消耗。

②电流控制低电阻式喷油器的电路，如图4-43所示。蓄电池电源经点火开关、故障安全主继电器，供给喷油器及ECM。故障安全主继电器由端子与ECM连接，经ECM内部喷油器驱动电路搭铁，因此当点火开关ON时，主继电器触点闭合，喷油器驱动电路使导通，电流流经喷油器电磁线圈。

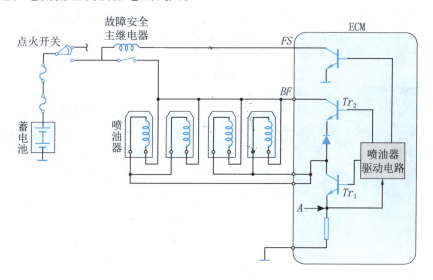

◆ 图4-43　电流控制低电阻式喷油器电路

③当A点电压达到设定值时，喷油器驱动电路会适时的使Tr_1 OFF。在喷射期间内，Tr_1约以20 kHz的频率ON或OFF，借此控制流到电磁线圈的电流，当蓄电池电压为14V时，吸起针阀的电流约8A，保持针阀在吸住位置的电流约为2A，如图4-44所示。

④Tr_2的作用是要吸收Tr_1在ON/OFF时在喷油器线圈中所产生的反电动势，避免电流突然降低。

⑤当ECM内的晶体管接通，电流开始流动，直到喷油器阀门打开，汽油开始喷出的延迟时间，或称无效喷射时间，电流控制低电阻式时间最短，电压控制低电阻式其次，而电压控制高电阻式则最长。

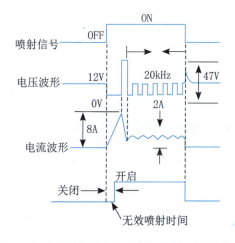

◆ 图4-44　电流控制低电阻式喷油器喷油期间的相关波形

七、冷车起动喷油器

（1）冷车起动喷油器（Cold Start Injector）为旧型汽油喷射发动机所采用，装在进气总管上，如图4-45所示。在冷却液温度低于某一温度（例如35℃）时作用，以增浓混合气，使冷发动机起动性良好。目前使用的车辆，有采用冷车起动喷油器及冷车起动喷油器时间开关的，以丰田卡罗拉1.6 4A-FE发动机最常见。

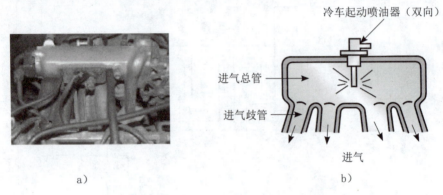

▶ 图4-45 冷车起动喷油器的安装位置

（2）冷车起动喷油器（图4-46）由电线插座、电磁线圈、针阀、阀面、阀座及涡流式喷嘴等组成。

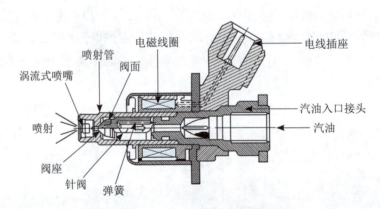

▶ 图4-46 冷车起动喷油器的构造

（3）当点火开关转到"ST"位置时，电流流至冷车起动喷油器的电磁线圈，针阀被吸引，阀门打开，汽油经涡流式喷嘴喷出，如图4-47所示。发动机起动后，点火开关回到"ON"位置，冷车起动喷油器停止喷油。

（4）冷车起动喷油器时间开关（Cold Start Injection Time Switch），用以控制冷车起动喷油器的持续喷油时间。当起动电动机的时间太长时，电流流经加热线A与B，使热偶片弯曲，触点打开，冷车起动喷油器停止喷油，以避免火花塞潮湿，如图4-47所示。即使持续起动电动机，因加热线B持续加热热偶片，触点不能闭合，故冷车起动喷油器保持不工作。

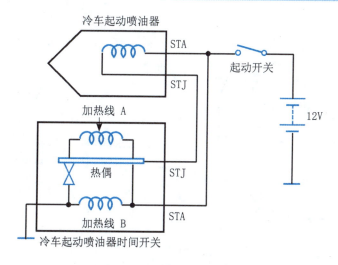

◆ 图4-47 冷车起动喷油器的电路

4.4 ECM的各种控制功能

一、汽油喷射正时控制

（1）所谓喷射正时，即每一个喷油器在什么时间喷油。早期是以点火线圈负极的一次信号来决定喷射正时，后来有些发动机是以固定的预设正时喷射，接着是以进气量、发动机转速等信号以计算喷射正时。注意喷射正时不是点火正时，喷射正时是将汽油喷入进气歧管的时间，而点火正时是经过进气、压缩后，点燃混合气的时间。

（2）各种汽油喷射方式的喷射正时，请查阅本书2.3节"汽油喷射系统的分类"。

二、汽油喷射量控制

1. 基本喷射量

（1）质量-流量方式是以发动机转速与进气量为基础，而速度-密度方式，是以发动机转速与进气歧管负压为基础，配合各种运转状态，将最适当的基本喷射时间存储在ECM中，如图4-48与图4-49所示。

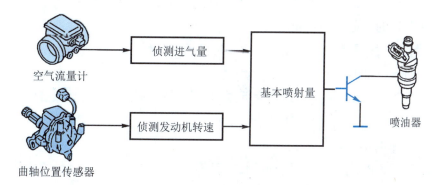

◆ 图4-48 基本喷射量的决定

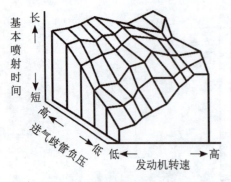

◆ 图4-49 基本喷射时间的三次元图形

（2）基本喷射量是由基本喷射时间决定。

2. 汽油喷射量修正

以存储在ECM中的基本喷射时间为准，再依据各传感器的信号进行修正，以决定出配合所有状况及运转条件的最适当喷射时间，向喷油器输出电压脉冲，以喷射汽油，如图4-50所示。

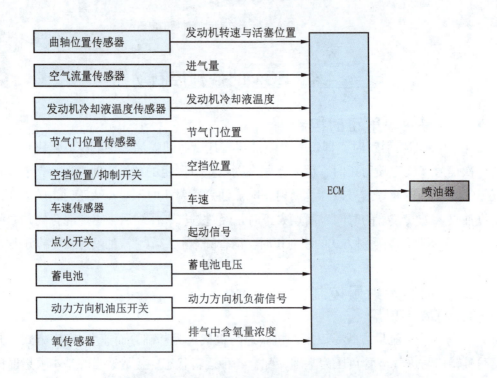

◆ 图4-50 与汽油喷射有关的各传感器及开关

（1）起动时与起动后增量。

①此增量是按照冷却液温度而变化。冷却液温度越低，汽油增量越多，增量修正的时间也越长，如图4-51所示。

②起动时与起动后增量，是因为低温时，汽油附着在进气门与汽缸壁，导致汽化不良，空燃比比较稀薄，故汽油必须增量修正。

（2）热车时增量。

①起动后增量是在发动机发动后数十秒停止，而热车增量则持续增量至冷却液温度到达一定值为止，如图4-52所示，以改善热车时的运转性能。

②为减少热车期间汽油的消耗，若节气门全关，节气门位置传感器的怠速触点闭合时，增量的比例会减少。

（3）热车时加速增量。

①为了改善低温时的驱动性能，在发动机热车期间设计加速增量。

②当节气门位置传感器的怠速触点分开时，即发生增量作用。增量比例与持续时间的变化，按照冷却液的温度而定，当冷却液温度低时增量，且增量持续时间较长，如图4-53所示。

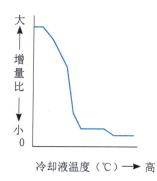

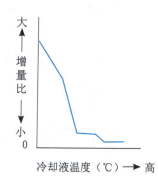

◆ 图4-51　起动后增量修正　　◆ 图4-52　热车时增量修正　　◆ 图4-53　热车时加速增量修正

（4）热车时加速增量。

①加速时汽油会附着在进气门及其附近，一段时间才能汽化；且因进气歧管压力变大，使汽油的汽化速度变慢，故必须进行加速增量修正，如图4-54所示。

②加速时的喷射量由节气门的开启角度决定。定速时加速与减速后再加速，各有其基本加速增量时间，都会存储在ECM中。另外低温时的喷射量，会配合冷却液温度而修正。

（5）减速时减量。

①节气门关闭减速时，进气歧管压力变小，会促进汽油汽化，尤其是在节气门全关闭时。

②ECM配合减速时节气门的开度而修正喷射时间，尤其是在节气门几乎全关闭时的汽油减量，如图4-55所示。

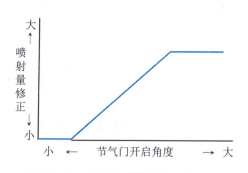

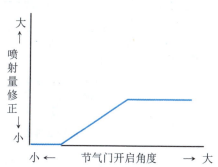

◆ 图4-54　热车时加速增量的变化　　◆ 图4-55　减速时减量的变化

(6)全负荷时增量。

①当发动机在重负荷下运转时,喷射量会随负荷而增加,以确保发动机的输出。

②由节气门开启角度或进气量,ECM可测知发动机是否在全负荷状态。全负荷时可增加喷油量10%~30%。

③有些发动机是以强迫换挡开关的信号,作为本项修正的条件,或是以双触点式节气门位置传感器的强力触点ON,及进气歧管绝对压力在一定值以上为条件。

(7)进气温度修正。

①采用翼板式空气流量计时,必须按照进气温度的高低,进行喷射量修正,否则当进气温度低时,混合比会变稀;进气温度高时,混合比会变浓。

②ECM由进气温度传感器送来的信号而改变混合比。以20℃(68℉)为准,进气温度低于标准时,汽油喷射量增加;进气温度高于标准时,汽油喷射量减少,如图4-56所示。

(8)电压修正。

①ECM送出适当时间的电压信号给喷油器,但从ECM发出信号,到喷油器针阀全开,会有少许的时间延迟TV,此期间无汽油喷射,会造成混合比变稀,不符合发动机所需。

②为了确保正确的混合比,喷油器的开启时间,必须与ECM所决定的持续时间相等。因此ECM送出的喷射信号时间应等于无效喷射时间加上汽油喷射持续时间。

③喷油器作用延迟时间,即无效喷射时间的变化,按照蓄电池电压而定。当电压高时,延迟时间短;电压低时,延迟时间长,因此必须进行电压修正,以蓄电池电压14 V为基准而修正喷射时间,如图4-57所示,喷射信号时间等于电压修正时间(无效喷射时间)加上汽油喷射持续时间。

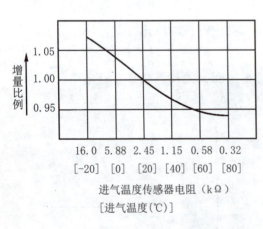

◆图4-56 进气温度修正的变化

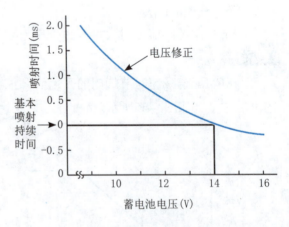

◆图4-57 电压修正作用

(9)空燃比回馈修正。

①空燃比回馈修正应用在装有三元催化转换器的车型。ECM按理论空燃比,由

来自氧传感器的0~1V电压信号变化，修正喷射时间，以精确控制混合比，使三元催化转换器能同时减少CO、HC及NO_X的排放量。空燃比回馈修正期间，为闭环回路控制。

②ECM侦测到以下状况时，会停止回馈修正作用，以维持稳定燃烧，此时为开环回路控制。

a.起动及热车时。

b.怠速时。

c.减速时。

d.全负荷时。

e.冷却液温度低于设定标准时。

f.氧传感器及其回路故障时。

③ECM将来自氧传感器的电压信号与预设电压值比较，若电压信号高于预设电压值，ECM判定空燃比比理论空燃比浓，按照一定比例减少汽油喷射量；若电压信号低于预设电压值，则按照一定比例增加汽油喷射量，如图4-58所示。

④ECM的修正系数为0.8~1.2，开环回路时则为1.0。

三、点火时间控制

（1）由发动机功率试验器测试而得的点火图形（Ignition Map）如图4-59所示。ECM依据发动机进气量及转速，以决定基本的点火提前角度，储存在ECM中。再根据节气门位置传感器、冷却液温度传感器、爆震传感器等各信号，修正点火时间，由ECM决定最理想的点火正时，使发动机在功率输出、汽油消耗及排气污染等各方面能有极佳的表现，如图4-60所示。

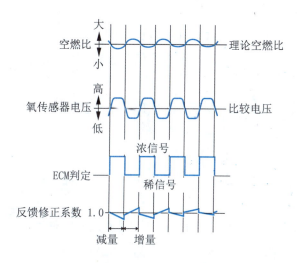

◆ 图4-58 空燃比回馈修正

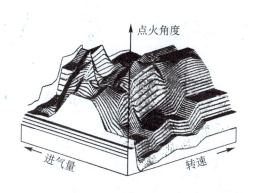

◆ 图4-59 ECM中的点火图形

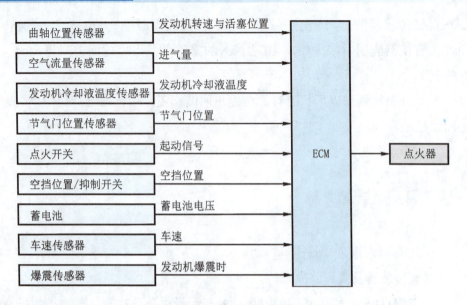

◆ 图4-60　与点火时间控制有关的各传感器及开关

（2）点火时间修正。

①低温时修正：按照冷却液温度传感器信号，在低温时，ECM使点火提前，以保持低温运转性能。温度极低时，最大点火提前角度修正可达15°。

②高温时修正：按照冷却液温度传感器及进气温度传感器信号，在高温时，ECM使点火延后，以免产生爆震及过热。最大点火延迟角度修正约为5°。

③怠速时修正：为保持怠速稳定，ECM在怠速时会不断侦测转速的平均值，若怠速低于目标转速时，ECM会使点火角度提前一个预设值；反之，ECM会使点火角度延迟一个预设值。最大点火角度修正为±5°，但转速超过设定值后，此项修正作用停止。

④爆震时修正：发生爆震时，ECM依爆震的强弱使点火时间延迟多或少，以避免爆震情形发生，保护发动机。最大点火延迟角度修正约为10°。

⑤换挡时修正：自动挡汽车，在向上或向下换挡时，延迟点火时间，降低发动机转矩，以减少换挡振动。但当冷却液温度或蓄电池电压低于设定值时，此项修正作用停止。最大点火延迟角度修正可达20°。

⑥EGR工作时修正：当节气门位置传感器的怠速触点OFF而EGR工作时，点火时间会随着进气量及发动机转速而提前，以改善驱动性能。

⑦其他各种点火时间修正。

a.过渡期间修正：在减速或加速的过渡期间，点火时间会暂时随着状况而提前或延后。

b.定速时修正：在定速控制状态下坡时，为提供平顺的定速控制作用及降低在发动机制动因汽油切断所造成的发动机转矩改变，定速控制ECU会送出信号给ECM，使点火时间延迟。

c.驱动力控制时修正：在冷却液温度高于预定值，驱动力控制系统（TCS）工作时，使点火时间延迟，以降低发动机转矩输出，防止驱动轮打滑。

d.进气冷却器故障时修正：当增压器系统的进气冷却器故障信号ON时，使点火时间延迟，以避免爆震。

四、怠速控制

（1）ECM依据各传感器及开关的信号，控制ISC阀的打开时间，以控制旁通空气量，使怠速在各种运转状况时，均能符合存储在ECM中的基本目标值与修正值，而能保持在最适当及稳定状态，如图4-61所示。

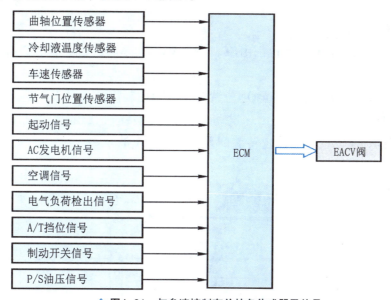

◆ 图4-61　与怠速控制有关的各传感器及信号

（2）怠速修正。

①起动时及起动后修正：发动机起动时及起动后的一定时间内，ECM使ISC阀增加旁通空气量，怠速上升，以防止怠速不稳定或熄火。

②热车时修正：冷却液温度低时，ECM使ISC阀增加旁通空气量，以确保适当的快怠速运转。

③车辆长期使用后修正：车辆长期使用后，因堵塞或磨损所造成的怠速转速下降，ECM使ISC阀增加旁通空气量，以修正至一定的怠速。

④电器负荷时修正：当前照灯、刮水器、冷却风扇及除雾线等电器负荷大，造成怠速转速下降时，ECM使ISC阀增加旁通空气量。

⑤AT选挡杆在N、P以外位置时修正：AT选挡杆在N、P以外位置时，ECM使ISC阀增加旁通空气量，以防止怠速下降。

⑥动力转向时修正：使用动力转向时，动力转向机油压力开关将负荷信号送给ECM，ECM使ISC阀增加旁通空气量，以维持怠速在一定值。

⑦开启空调时修正：空调工作时，ECM使ISC阀增加旁通空气量，以防止怠速下降。

⑧其他各种怠速修正。

a.减速缓冲修正：当节气门位置传感器的怠速触点闭合时，ECM控制ISC阀，使发动机转速缓慢回到怠速，以提高乘坐舒适性，防止发动机熄火。故安装ISC阀的汽油喷射发动机，已不需要化油器式发动机常见的缓冲器。

b.转速逐渐降低修正：使用涡轮增压器的发动机，当发动机由高速或高负荷回复到怠速，为避免机油压力降得太低，无法提供足够的润滑，造成涡轮咬死，ECM控制ISC阀使转速逐渐降低，让机油泵能供应足量的润滑油到涡轮增压器。

五、汽油泵控制

（1）现代汽油喷射发动机都由ECM控制继电器ON/OFF的动作，以控制汽油泵的工作。

（2）当点火开关从OFF转至ON位置时，ECM控制使汽油泵工作2～5s，以提高发动机的起动性能，如图4-62所示；发动机起动及运转时，ECM接收到NE信号，使汽油泵开始工作；发动机一旦停止转动，无信号时，汽油泵不工作，减少耗电，并确保安全性。

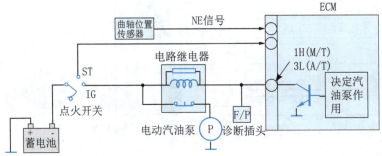

图4-62 汽油泵控制电路

六、汽油切断控制

（1）减速时汽油切断：车辆在减速时，ECM根据曲轴位置传感器、冷却液温度传感器、节气门位置传感器及空调开关等信号，转速超过1100r/min时，切断汽油供给，直至发动机转速减到一定转速为止，以节省汽油消耗，防止触媒温度上升，如图4-63所示。

（2）高转速时汽油切断：通常发动机转速超过6500 r/min时，ECM会切断汽油供应，以免发动机超速运转而受损；当发动机转速低于设定转速时，恢复汽油喷射。

（3）高速时汽油切断：车速在180 km/h以上，且转速在4300 r/min以上时，ECM会切断汽油供给。

（4）转矩降低汽油切断：有些自动挡汽车，在升挡时暂停第二缸及第三缸汽油供给，以降低转矩，减少换挡振动。

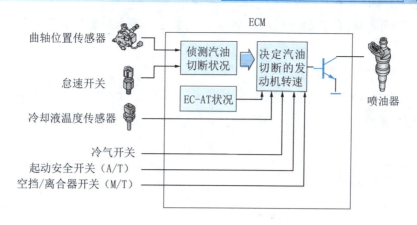

◆ 图4-63 汽油切断控制电路

七、冷气切断控制

（1）ECM根据节气门位置传感器、冷却液温度传感器、空调开关、点火开关等信号，在正常情况下使空调继电器的晶体管ON，线圈通电，触点闭合，电流送给电磁离合器及冷气风扇电动机，如图4-64所示；当空调必须短暂切断工作时，ECM使晶体管OFF、电磁离合器及空调风扇电动机停止作用。

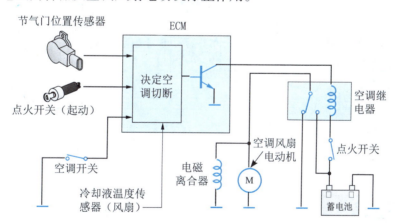

◆ 图4-64 空调切断控制电路

（2）空调切断时的发动机状况、切断时间及目的，见表4-1。

空调切断时的发动机状况　　　表4-1

发动机状况	切断时间（s）	目的
1. 发动机起动后	4	改善冷车怠速
2. 怠速时加速（AT）	2	提升加速性能
3. 节气门全开	5	提升加速性能
4. 冷却液温度超过116℃	直至冷却液温度低于113℃	防止发动机过热

（3）有些发动机的怠速若低于预设值时，空调会被切断，以防止发动机熄火。部分发动机有空调压缩机延迟作用控制，即A/C开关ON时，电磁离合器会延迟某一设

定时间才作用，让ECM先使ISC阀开启，先补偿怠速转速，避免怠速先降低再升高。

◆ 八、散热器冷却风扇控制

（1）为提高A/T车型发动机的可靠性，散热器电动风扇由ECM控制工作，并且转速有低速、高速之分，如图4-65所示，A/T车型共使用三个风扇继电器。

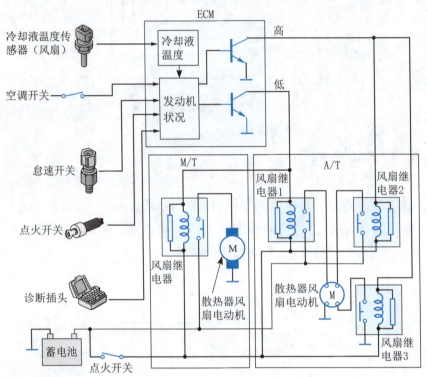

▲ 图4-65 散热器冷却风扇控制电路

（2）风扇继电器的工作状况及风扇转速，见表4-2。

风扇继电器的工作状况及风扇转速　　　　　　　表4-2

发动机状况	风扇继电器1	风扇继电器2	风扇继电器3	风扇转速
冷却液温度超过97℃	ON	OFF	OFF	低速
A/C开关ON	ON	OFF	OFF	低速
诊断插头TEN线头搭铁，怠速开关闭合	ON	ON	ON	高速
冷却液温度超过108℃	ON	ON	ON	高速
冷却液温度传感器故障	ON	ON	ON	高速

◆ 九、EGR控制

（1）ECM根据空气流量传感器、曲轴位置传感器、节气门位置传感器、冷却液温度传感器等信号，控制EGR电磁阀的开闭，以决定经EGR控制阀及EGR调节阀的EGR气流的通断，来精密调节EGR量，并改善发动机的运转性能，如图4-66所示。

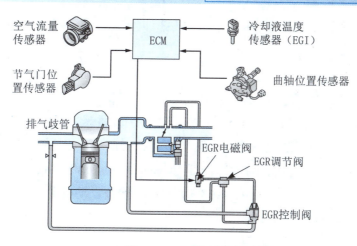

◆ 图4-66　EGR控制电路及管路

（2）在冷发动机、怠速、过高转速、突然加速及减速时，EGR停止工作，以确保稳定燃烧，表4-3为切断EGR时的发动机状况。

切断EGR时的发动机状况　　　　　表4-3

项　目		发动机状况
行车情形		突然加速或减速
冷却液温度		低于50℃
发动机转速	M/T	低于1 300 r/min或高于4 500 r/min
	A/T	低于700 r/min或高于4 500 r/min

十、EVAP控制

（1）ECM根据空气流量传感器、曲轴位置传感器、节气门位置传感器、冷却液温度传感器等信号，控制EVAP电磁阀的开关时间，以精密调节从活性炭罐吸入进气歧管的蒸发气体量，如图4-67所示。

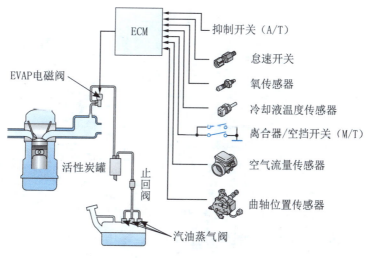

◆ 图4-67　EVAP控制电路及管路

（2）在冷发动机、怠速、减速、发动机熄火等工况时，蒸发气体停止进入发动机中。

十一、自我诊断、故障安全及备用功能

1. 自我诊断（Self-Diagnosis）与故障码显示功能

（1）ECM随时侦测系统的输入、输出信号，当信号超出标准值时，故障码储存在存储器中，仪表板上检查发动机警告灯（Check Engine Warning Light）也会点亮，警告驾驶车辆已经发生故障，如图4-68 a）所示。检查发动机警告灯现在常称为故障指示灯（Malfunction Indicator Lamp, MIL）。

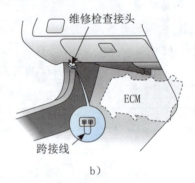

◆ 图4-68 MIL与维修检查接头

（2）设在驾驶室内的维修检查插头（Service Check Connector），如图4-68 b）所示，位置在储藏室下方，将插头跨接，检查发动机警告灯即会通过点亮的频率，以显示诊断故障码（Diagnostic Trouble Code, DTC），图4-69所示为单独一个故障码或同时有两个故障码的显示方式。要调出DTC，也常利用各汽车制造厂的专用扫描器（Scan Tool or Scanner），与资料连接插头（Data Link Connector, DLC）即诊断插头连接进行测试。

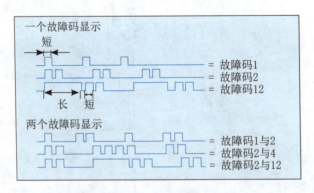

◆ 图4-69 DTC的显示方法

（3）本田汽车所称的"维修检查插头"，丰田、福特汽车称其为"诊断插头"，设在发动机舱内，如图4-70所示。

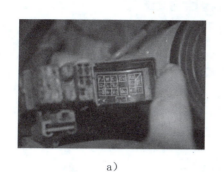
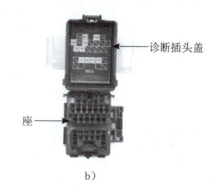

诊断插头盖

座

a) b)

◆ 图4-70 两种诊断插头

（4）故障排除后，要消除暂时储存在易失性（Volatile）RAM，即可抹除（Erasable）RAM中的DTC，也就是要重新设定（Reset）时，将发动机舱右侧继电器/熔断器盒的备用熔断器（Back-up Fuse）拆下10s即可（以本田汽车为例）。

2. 故障安全（Fail-Safe）功能

（1）当ECM的自我诊断功能侦测到任一传感器或执行器故障时，ECM将不理会此故障信号，该项目就由预先储存在存储器中的设定值来取代，让发动机能继续保持运转，表4-4为汽车所采用的设定代替值或方式。

（2）由表4-4及表4-5可看出，有些传感器有故障时，发动机的运转作用会受到较大影响，如加速时汽油喷射量没有增加及在中转速时汽油切断等，因此故障安全功能又称跛行回家（Limp-Home）或跛行模式（Limp-in Mode），让车辆能以低速或较小动力行驶至维修厂检修。

传感器或执行器故障时ECM中的设定代替值　　　表4-4

故障项目	故障期间的控制内容
空气流量传感器	（1）由节气门位置传感器（TPS）的信号及发动机转速信号（曲轴位置传感器信号）来决定汽油喷射时间与点火正时 （2）固定怠速空气控制（ISC）在指定的位置，所以怠速控制没有作用
进气温度传感器	进气温度设定在25℃
节气门位置传感器	由于节气门位置传感器的信号故障，所以加速时汽油喷射量没有增加
冷却液温度传感器	冷却液温度设定在80℃
曲轴位置传感器	异常现象侦测到后，停止汽油供应4s
大气压力传感器	大气压力设定在101kPa（760mmHg），即1大气压
爆震传感器	将点火正时由高辛烷值汽油的点火正时转变成为标准辛烷值汽油的点火正时
点火线圈、功率晶体	由于点火信号异常，所以切断供给至汽缸的汽油
氧传感器	空燃比反馈控制（闭回路控制）不作用
发动机ECU与AT ECU之连接线	变速器换挡期间点火正时不会延迟

表4-5 传感器故障时的故障安全模式

传感器	故障安全模式
ECT传感器	以固定值50℃代替
IAT传感器	以固定值代替
TP传感器	以固定值代替
MAP传感器	对应节气门角度,以固定值代替
氧传感器	取消补偿作用
TDC传感器	在中转速时汽油切断
CRANK传感器	点火正时固定,在中转速时汽油切断
CYL传感器	顺序喷射可能无法与每缸进气行程同步

(3)如果产生的故障可能发生严重后果,如点火信号异常、三元催化转换器可能因未燃混合气而过热,及涡轮增压压力信号异常,可能造成涡轮或发动机受损时,故障安全功能会使汽油喷射停止,发动机熄火,此时汽车无法行驶。

3. 备用(Back-up)功能

(1)备用功能又称后援功能,是一个独立的备用系统。当ECM内部的CPU发生故障时,原有的控制程序会切换为备用IC控制,以预设值控制点火正时及汽油喷射量等,让发动机以基本功能维持运转。

(2)当有下列状况时,切换为备用功能控制,且MIL点亮。

① CPU无法输出点火正时信号时。

② 进气歧管压力信号(PIM)线路断路或短路时,如图4-71所示。

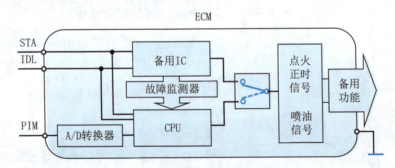

◆ 图4-71 备用功能电路

理论测试

一、判断题

1. 流经空气阀或怠速空气控制阀的空气，不经过空气流量计计量。（   ）
2. 现代汽油发动机冷车起动喷油器的功能，已由各缸喷油器取代。（   ）
3. 电子节气门已无驾驶室与节气门之间的加油钢制导线了。（   ）
4. 空气阀或称辅助空气装置，只针对快怠速调节用。（   ）
5. 当冷却液温度超过100℃时，空气阀将旁通道完全关闭。（   ）
6. 步进电动机式及旋转式ISC阀，空气流量大，因此不需搭配空气阀一起使用。（   ）
7. 步进电动机的步进数越多时，步进角会越小，所控制的旁通空气量会越精确。（   ）
8. 当汽车以低速行驶时，因A/T入挡、A/C开关ON或电器负荷使蓄电池电压降低时，ECM会控制ISC阀，使怠速提高。（   ）
9. 电磁线圈式ISC阀，ECM控制的工作时间比率越大，阀门开启量就越多，怠速转速越快。（   ）
10. 汽油供给系统的压力调节器若是装在燃油共轨上时，通常都有一条很长的回油管至油箱。（   ）
11. 以ECM控制电动汽油泵的作用与否，当发动机熄火时，无转速信号，故ECM控制使电路断路。（   ）
12. 以ECM控制电动汽油泵的工作时，当点火开关转到ST位置，ECM会控制电动汽油泵先泵油约2s。（   ）
13. 由于压力调节器的作用，当进气歧管真空大时，燃油共轨内的汽油压力高。（   ）
14. 压力调节器通常装在燃油共轨的一端，汽油室接进气歧管。（   ）
15. ECM送给喷油器的脉冲宽度越宽，喷油器的喷油量越多。（   ）
16. 喷油器电磁线圈缠绕的圈数少，且电线直径增加时，可提高针阀的动作速度。（   ）
17. 蓄电池电压可加在电压控制低电阻式喷油器，以测试其作用。（   ）

18. 无效喷射时间，以电压控制低电阻式最短。（   ）
19. MPI发动机的冷车起动喷油器是装在进气总管上。（   ）
20. 当蓄电池电压低时，喷油器开启延迟时间变长，若未修正，则喷油量会变多。（   ）
21. 发动机在起动时与起动后的喷射时间是不相同的。（   ）
22. 车辆在加速时，进气歧管压力大，汽油汽化速度慢；减速时，进气歧管压力小，汽油汽化速度快，因此加、减速时都必须进行喷油量修正。（   ）
23. 喷油器的作用延迟时间，依蓄电池电压而定，当蓄电池电压低时，所修正的喷射时间应缩短。（   ）
24. 当氧传感器电压高于预设值时，ECM判定空燃比比理论空燃比浓，会使汽油喷射量减少。（   ）
25. 当驱动轮有打滑倾向时，TCS作用，使点火时间延迟，以降低发动机转矩输出。（   ）
26. 发动机由高速回到怠速，ECM会控制ISC阀使转速逐渐降低，这种功能适用于大功率发动机。（   ）
27. 空调压缩机延迟作用控制，是先使怠速提高，再让电磁离合器接合作用。（   ）
28. 当车辆电脑系统某一元件故障时，仪表板上的DLC会点亮。（   ）
29. 将维修检查插头的端子跨接，即可显示DLC。（   ）
30. 故障安全模式又称跛行回家模式。（   ）

二、选择题

1. 现代汽油发动机节气门轴旁边都装有_____。（   ）
   （A）怠速调整螺钉　　　　（B）节气门位置传感器
   （C）空气阀　　　　　　　（D）怠速控制阀

2. 上吸式进气歧管_____。（   ）
   （A）可减少进气歧管长度　（B）可减少进气歧管质量
   （C）能提高进气量　　　　（D）能减少占用空间

3. 蜡球式空气阀_____。（   ）
   （A）是根据冷却液温度而作用　（B）由ECM控制作用
   （C）不能与ISC阀搭配使用　　（D）热车后持续有作用

4. 对怠速控制阀的称呼，哪项错误？（   ）

（A）本田称为EACV　　　　　　　　（B）日产称为IACV

（C）丰田称为ISC阀　　　　　　　　（D）戴姆勒-克莱斯勒称为BAC阀

5. 通常会搭配空气阀一起使用的是_____。　　　　　　　　　　　　　（　）

（A）线性移动式ISC阀　　　　　　　（B）步进电动机式ISC阀

（C）节气门直接驱动式执行器　　　　（D）旋转式ISC阀

6. 步进电动机式ISC阀在发动机熄火后，阀为_____状态，以利下一次的起动。

（　）

（A）全关　　（B）1/4开　　（C）1/2开　　（D）全开

7. 对电磁线圈式ISC阀的叙述，哪项错误？　　　　　　　　　　　　　（　）

（A）阀门为线性移动，以启闭旁通道

（B）发动机熄火后阀门全开

（C）是利用电磁线圈通电与否操作

（D）常与空气阀配合使用

8. 叶轮式电动汽油泵_____。　　　　　　　　　　　　　　　　　　　（　）

（A）油压高时，安全阀会被推开　　　（B）体积较大

（C）发动机熄火时，止回阀会打开　　（D）是装在油箱外的油管上

9. 电动汽油泵以汽油泵开关控制时，汽油泵开关是装在_____。　　　（　）

（A）主继电器内　　　　　　　　　　（B）电动汽油泵内

（C）翼板式空气流量计内　　　　　　（D）ECU内

10. 两段转速式电动汽油泵的优点为_____。　　　　　　　　　　　　（　）

（A）电路较简单　　　　　　　　　　（B）汽油泵体积较小

（C）不需ECM控制　　　　　　　　　（D）省电、耐用

11. 汽油喷射发动机运转时，燃油共轨内的压力会有轻微的变化，是利用_____来吸收。　　　　　　　　　　　　　　　　　　　　　　　（　）

（A）压力调节器　　　　　　　　　　（B）汽油滤清器

（C）安全阀　　　　　　　　　　　　（D）汽油脉动缓冲器

12. 在热发动机怠速时，ECM控制电磁阀使压力调节器调节的汽油压力升高，其用意为_____。　　　　　　　　　　　　　　　　　　　　　（　）

（A）使喷油量增加　　　　　　　　　（B）避免发生气阻现象

（C）减低汽油消耗　　　　　　　　　（D）增加发动机动力

13. 对汽油无回油系统的叙述，哪项错误？　　　　　　　　　　　　　（　）

（A）压力调节器装在油箱内

（B）回油管从燃油共轨接回油箱

（C）可避免油箱内的汽油温度升高

（D）可减少油箱HC的排放

14. 电压控制低电阻式与高电阻式喷油器，其电阻分别为_____。　（　）

（A）0.5～3.0Ω，12～16Ω　　　（B）0.1～0.3Ω，6～10Ω

（C）3.5～5.0Ω，25～50Ω　　　（D）10～20Ω，100～200Ω

15. 对电流控制低电阻式喷油器的叙述，哪项错误？　（　）

（A）刚开始喷射时，大量电流流入电磁线圈

（B）喷射中电流降低

（C）喷油器与主继电器间有电阻器

（D）电流大小是由ECM控制

16. 下列哪项信号不是全负荷增量修正的条件？　（　）

（A）曲轴位置传感器转速信号　　（B）进气歧管绝对压力达一定值信号

（C）强迫换挡开关工作信号　　　（D）节气门开关强力触点ON信号

17. 对点火时间修正的叙述，哪项正确？　（　）

（A）换挡时应提前点火时间　　　（B）发动机低温时应提前点火时间

（C）爆震时应提前点火时间　　　（D）急速时应提前点火时间

18. 下述哪种状况，ECM不控制ISC阀增加旁通空气量？　（　）

（A）动力转向作用时　　　　　　（B）AT变速杆在P位置

（C）电器负荷大时　　　　　　　（D）热车时

19. 下列哪种状况不做汽油切断控制？　（　）

（A）车速超过安全速度时　　　　（B）减速时

（C）爆震时　　　　　　　　　　（D）发动机转速超过红线区时

20. DTC表示_____。　（　）

（A）故障指示灯　　　　　　　　（B）资料连接接头

（C）诊断故障码　　　　　　　　（D）维修检查接头

21. 当ECM侦测到某一传感器有故障时，该信号由预先储存在存储器中的设定
值取代，让发动机能维持运转，此功能称为_____功能。　（　）

（A）备用　（B）故障码显示　（C）自我诊断　（D）故障安全

22. 当_____异常时，会转换由备用IC控制，称为ECM的备用功能。　（　）

（A）传感器　（B）ECM内CPU　（C）系统电路　（D）点火器

三、简答题

1. 写出空气阀的功用。
2. 试述蜡球式空气阀的作用。
3. 写出ISC阀的功用。
4. 简述步进电动机式ISC阀的作用。
5. 简述旋转式ISC阀的作用及优点。
6. 什么是线性移动式ISC阀？
7. 试述本田EACV的作用。
8. 试述汽油泵开关控制式电动汽油泵的控制作用。
9. 试述丰田双段转速式在高转速时电动汽油泵的控制作用。
10. 简述压力调节器的功能。
11. 汽油无回油系统有何优点？
12. 什么是电流控制低电阻式喷油器？其优点是什么？
13. 哪些状况时ECM会停止回馈修正改为开环回路控制？
14. 点火时间在怠速时如何修正？
15. 在电器负荷大时怠速如何修正？
16. 什么是故障安全功能？
17. 什么是备用功能？

第5章

车上诊断（OBD）系统

- 5.1　OBD-I系统
- 5.2　OBD-II系统
- 5.3　OBD-III系统

5.1 OBD-Ⅰ系统

一、概述

（1）美国加州空气资源委员会（California Air Resources Board, CARB）在1985年首先开发出车上诊断（On-Board Diagnostics, OBD）系统，当时的规定（Regulations）即为OBD-Ⅰ系统，并开始装备在1988车型年（Model Year, MY）起的车辆上。

（2）规定中要求车上电脑系统监测O_2S、EGR阀、EEC阀是否正常工作；同时为了监测特别的系统（Specific Systems），所有在加州销售的汽车被要求必须安装故障指示灯（Malfunction Indicator Light, MIL），即检查发动机灯（Check Engine Light），或称为即刻维修发动机灯（Service Engine Soon Light），以警告驾驶人，与废气排放有关的故障情形已发生，故障码能提供给维修人员关于问题的可能线索（Clue）。

（3）OBD-Ⅰ系统在MY 1988～MY 1994间适用加州地区，在MY 1994～MY1996间仍适用美国其他地区，如图5-1所示。

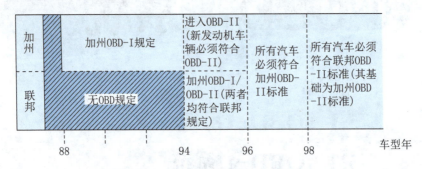

◆ 图5-1 加州与联邦地区在各车型年适用的OBD标准

（4）但是，OBD-Ⅰ系统不需要以下的装置、设计或要求。

① 在标准位置的标准诊断测试插头。OBD-Ⅰ系统为各种不同形状的插头，在各种不同地方，需要不同的工具及程序，以读取及消除故障码。

② 以扫描器（Scan Tool or Scanner）读取能提供串行数据信息（Serial Data Information）的诊断插头。

③ 各制造厂在相同的问题采用相同的故障码辨识系统。OBD-Ⅰ系统在各制造厂间相同的数字码有不同的意义，某些问题是以单数字码、双数字码或三数字码表示。

④ 相似或完全相同元件、系统的标准化名称及术语。

（5）OBD-Ⅰ系统的诊断能力有以下的限制。

① 它无法侦测出系统的恶化（Deterioration）。

② 它无法监测所有与发动机相关的系统。

③ 它使用非标准化的诊断故障码（Diagnostic Trouble Codes, DTC）、专有名词（Terminology）及诊断程序。

（6）OBD-I系统未包含几个与排放（Emissions）有关的重要资料，如三元催化、蒸发排放系统的气体泄漏，同时OBD-I系统未被要求在侦测故障时具有足够的敏感度。因此CARB发现，从排放系统零件出现故障，到MIL点亮，此期间汽车已排放过量的不良气体，所以CARB接着开发出功能增强的OBD-Ⅱ系统。

◆ 二、ECM与MIL、PROM、DTC

（1）在OBD-I时期，各系统的主电脑被称为ECM（Engine Control Module），现今则改称为PCM（Powertrain Control Module），不过ECM的称法仍一直延用至今。

（2）ECM为OBD系统的核心，当产生故障，例如从O_2S送出超过预期值的信号时，ECM进入限制作用策略（Limited Operating Strategy, LOS），或称为跛行模式（Limp-in Mode），MIL点亮警告驾驶人。

（3）在LOS模式时，空燃比、点火正时等是由储存在ECM内的预设值（Preset Values）来控制，对驱动能力、省油性及废气排放都有不利的影响。制造厂若要改善驱动能力及废气排放控制时，可以改变发动机的基准设定（Calibration Settings），基准设定要升级（Updated）时，在OBD-I系统，对可更换式PROM，可将PROM芯片更新；对不可更换式PROM，则必须更换ECM。更换时，绝不可触碰芯片的针脚或ECM的端子（Pins）、电路板（Circuit Board），以免因静电造成电子元件或电子电路的严重受损。

（4）ECM内的RAM，可暂时储存资料如DTC，在OBD-I系统，DTC为双数字码或三数字码。大多数的OBD-I系统，拆开蓄电池或取下ECM的熔断器，可以消除所有储存在RAM的故障码。

◆ 三、DTC的显示

1. 概述

（1）大部分的OBD-I系统，利用以下的方法显示储存在ECM存储器中的DTC。
① 以MIL的闪烁显示DTC。
② 以ECM处LED的闪烁显示DTC。
③ 以扫描器显示DTC。

（2）大多数的OBD-I系统储存双数字码的DTC，较复杂的OBD-I系统则储存三数字码DTC。OBD-I的DTC未标准化，必须参考各汽车制造厂的维修服务手册。

2. 利用MIL使DTC显示

（1）利用MIL以显示DTC，当点火开关转至ON，MIL会短暂点亮，为正常的现象。

（2）利用MIL的程序。
① 参考维护手册，将数据连接插头（Data Link Connector, DLC）的正确端子搭铁，使ECM在诊断模式（Diagnostic Mode）状态。DLC为插座式（Plug-Type）插头，用来与扫描器连接，以读取DTC，图5-2所示为一些OBD-I系统采用的12端子DLC。

◆ 图5-2 OBD-Ⅰ系统的12端子DLC

②以MIL的闪烁读出DTC并记录。

③参考维护手册对所读取DTC的解释，接着进行修护作业。

3. 利用ECM处LED使DTC显示

（1）某些OBD-Ⅰ系统无DLC，而是在ECM设红色及绿色的发光二极管（Light-Emitting Diodes, LED）。

（2）利用ECM处LED的程序。

①参考维护手册，按正确方法，使ECM在诊断模式状态。

②LED闪烁时读取DTC，例如红色LED亮1次，接着绿色LED亮2次，表示DTC为12。

4. 利用扫描器使DTC显示

（1）调出DTC，最常用的方法就是使用扫描器与DLC连接，如图5-3所示。

（2）扫描器与DLC连接后，扫描器屏幕上的菜单（Menu），可能会要求输入车辆识别码（Vehicle Identification Number, VIN），VIN印在一块长方形片上，如图5-4所示，铆在驾驶侧仪表板下转角处，或者是在驾驶人侧门柱上贴有标签标示。VIN可显示：

◆ 图5-3 扫描器的使用

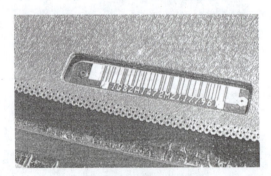

◆ 图5-4 车辆识别码

①汽车是何时制造，即车型年。

②在哪一个国家制造。

③车辆型式。

④乘客安全系统。

⑤发动机型式。

⑥车体型式。

⑦车辆的组装工厂。

（3）扫描器可能会要求的VIN资料为：

① 第10个文字：表示车辆的车型年。
② 第8个文字：为发动机码，表示发动机的型式及尺寸。
③ 第3个文字：为车辆型式。

5.2 OBD-II 系统

一、概述

（1）OBD-I系统被限制其所能监测的故障种类（The Types of Faults），只能侦测出元件或系统的故障，而无法诊断出因元件或系统的恶化（缓慢故障）所造成与排放有关的问题。

（2）而OBD-II系统被设计用来确保对所有与排放有关的系统及元件的精确监测，在1 1/2次的联邦标准（Federal Standards）内，OBD-II系统必须能精确侦测并确认可能造成废气排放增加的状况；同时OBD-II系统也必须能侦测出因元件或系统的恶化所造成与排放有关的问题。

二、OBD-II系统的立法过程

（1）在1990年11月15日，美国大气保护法修正案（Clean Air Act Amendment, CAAA）引导美国环境保护署（Environmental Protection Agency, EPA）开发有关OBD系统的新规定，CAAA要求所有MY 1994及之后在美国加州销售的轻型客车（Light-Duty Vehicles, LDVs）与轻型货车（Light-Duty Trucks, LDTs），都必须具备OBD-II系统，如图5-1所示；而从MY1996起，在全美国销售的LDVs，都必须符合OBD-II的要求；接着从MY1997起，所有的LDTs也必须符合OBD-II的规定。

（2）美国加州OBD-II的规定与EPA的规定稍有不同。CARB OBD-II的要求包括三元催化监测、EEC系统泄漏侦测、O_2S作用特性监测及发动机不点火（Misfire）侦测等，而EPA较强调排放性能标准。后来EPA选择接受加州OBD-II规定为联邦排放标准，并从MY 1996生效，如图5-1所示。

（3）不过，EPA仍期盼汽车制造厂将加州与EPA的OBD-II规定合而为一，因此从MY 1998起，开始采用新的联邦OBD-II标准，以消除加州与联邦排放规定的差异。

三、OBD-II系统的目标

由于美国汽车制造业与汽车工程学会（SAE）的努力，OBD-II系统已将DLC、基本诊断设备及诊断程序标准化了；且在SAE J1930标准下，各汽车制造厂间大部分的诊断名词、首字母缩略词（Acronyms）、缩写（Abbreviations）等均已相同。由于所有汽车制造厂采用相同的标准，所以可以帮助维修人员以正常的逻辑方法进行诊断。

四、OBD-II系统的硬件

（1）OBD-II系统是用来侦测与排放有关的故障状况，其采用的诊断方法与

OBD-I系统不同，增加了许多新的特色与技术改良。

（2）当发动机的基准设定被升级时，OBD-I系统不是ECM必须整个更新，就是必须拆换PROM。而OBD-II系统的PCM内采用EEPROM，又称快闪PROM（Flash PROM），是焊接在PCM内，不需要更换EEPROM，即可直接升级EEPROM内的数据或再编程。

（3）DLC的位置与设计。

① SAE J2012标准，将标准诊断插头设在一个普遍的位置，DLC位于仪表板下方，靠近转向柱处，能让维修人员容易看到并连接使用。

② OBD-II系统采用的DLC，为标准的16端子插头，如图5-5所示。DLC有标准的形状、端子（Pins）数及端子位置，插头为D字形，8个端子共两排。16个端子中的7个，有共同指定的分配及位置；其他9个端子针对特殊车型或应用，有不同的用途，某些端子仅与制造厂独有设备（Original Equipment Manufacturer's, OEM）或高级扫描器配合使用，而大部分普通型扫描器则需要转换接口，以配合不同车型的连接使用。

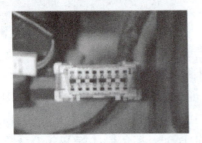
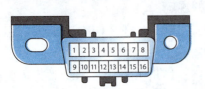

线头号码	分　　配
1	制造厂自由决定
2	总线+线（Bus+Line），SAE J 1850
3	制造厂自由决定
4	底盘搭铁（Chassis Ground）
5	信号搭铁（Signal Ground）
6	制造厂自由决定
7	K线（K Line），ISO 9141
8	制造厂自由决定
9	制造厂自由决定
10	总线一线（Bus-Line），SAE J1850
11	制造厂自由决定
12	制造厂自由决定
13	制造厂自由决定
14	制造厂自由决定
15	L线（L Line），ISO 9141
16	车辆蓄电池正极（Vehicle Battery Positive）

◆ 图5-5　DLC的构造与分配

③ SAE J2012标准，建立了一套DTC系统，并弹性允许各汽车制造厂建立各自独有的诊断码及程序。使用扫描器与DLC连接，即可读取储存在存储器中的DTC，如图5-6所示。

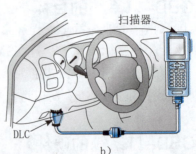

◆ 图5-6　扫描器与DLC连接

五、OBD-II系统的DTC

（1）OBD-侦测的传感器输入信号有：

①MAF传感器。

②MAP传感器。

③ECT传感器。

④CKP传感器。

⑤CMP传感器。

⑥IAT传感器。

⑦TP传感器。

⑧VSS传感器。

⑨O_2S传感器。

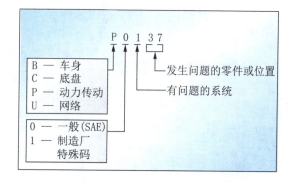

◆ 图5-7 OBD-II DTC的解释

（2）OBD-II DTC。

①在扫描器上显示的DTC，以P0137为例，为字母数字（P0）之后，再接三个数字码（137），总计有五个码，如图5-7所示。

②第一码的字母可分成四组。

a.车身码（Body Codes）：B0、B1、B2及B3。

b.底盘码（Chassis Codes）：C0、C1、C2及C3。

c.动力传动码（Powertrain Codes）：P0、P1、P2及P3。

d.网络码（Network Codes）：U0、U1、U2及U3。

③跟随在字母后面的数字若是0，表示为一般码或SAE码，一般DTC为普通码，所有汽车制造厂都是相同的；若字母后面的数字是1，表示DTC是不相同的，或称为制造厂特殊码，必须参阅各车厂的维护手册。

④接下来的数字，表示有问题的系统，数字1~7表示与动力传动有关的问题，数字8表示与动力传动无关的问题。

a.1：汽油与空气计量控制（MAP、MAF、IAT、ECT）。

b.2：汽油与空气计量控制，仅喷油器电路。

c.3：点火系统或不点火（KS、CKP）。

d.4：排放控制（EGR、EEC、TWC）。

e.5：车速控制及急速控制系统（VSS、IAC）。

f.6：PCM与输出电路（5 V参考电压、MIL）。

g.7：变速器。

h.8：与动力传动不相关。

⑤最后两个数字，也就是第四码及第五码，表示特殊的故障名称（Specific Fault Designation）。

⑥因此，P0137的DTC，即第1列汽缸的第2个O_2S产生低电压。本发动机为V型，故有两列（Bank）汽缸。

⑦在OBD-II系统，每一支排气管有多达三个O_2S，第二个O_2S装在三元催化转换器的入口端，故称为Pre-Catalytic或Pre-Cat；而第三个O_2S装在三元催化转换器的出口端，称为Post-Catalytic或Post-Cat。两列或两排汽缸时，O_2S可多达六个。

（3）所有汽车制造厂所采用的一般码DTC，表5-1所示为其中的部分资料，本表为福特汽车所采用。

DTC所代表的意义　　　　　　　　　　　　　　　　　表5-1

DTC	代 表 意 义
P0102	MAF传感器电路低输入
P0103	MAF传感器电路高输入
P0112	IAT传感器电路低输入
P0113	IAT传感器电路高输入
P0117	ECT传感器电路低输入
P0118	ECT传感器电路高输入
P0122	TP传感器电路低输入
P0123	TP传感器电路高输入
P0125	冷却液温度不够以进入闭回路汽油控制
P0132	上游O_2S传感器（O_2S 11）电路高电压（第一列汽缸）
P0135	O_2S加热器（HTR 11）电路失效
P0138	下游O_2S传感器（O_2S 12）电路高电压（第一列汽缸）
P0140	O_2S传感器（O_2S 12）电路侦测不到作用（第一列汽缸）
P0141	O_2S加热器（HTR 12）电路失效
P0152	上游O_2S传感器（O_2S 21）电路高电压（第二列汽缸）
P0155	O_2S加热器（HTR 21）电路失效
P0158	下游O_2S传感器（O_2S 22）电路高电压（第二列汽缸）
P0160	O_2S传感器（O_2S 22）电路侦测不到作用（第二列汽缸）
P0161	O_2S加热器（HTR 22）电路失效
P0171	系统（适合的燃料）太稀（第一列汽缸）
P0172	系统（适合的燃料）太浓（第一列汽缸）
P0174	系统（适合的燃料）太稀（第二列汽缸）
P0175	系统（适合的燃料）太浓（第二列汽缸）
P0300	侦测到随意的不点火（Misfire）
P0301	侦测到第1缸不点火
P0302	侦测到第2缸不点火
P0303	侦测到第3缸不点火
P0304	侦测到第4缸不点火
P0305	侦测到第5缸不点火
P0306	侦测到第6缸不点火
P0307	侦测到第7缸不点火
P0308	侦测到第8缸不点火
P0320	点火发动机转速输入电路故障
P0340	CMP传感器电路故障（CID）
P0402	侦测到EGR流量超过（怠速时的阀开度）
P0420	触媒系统效率低于门槛值（第一列汽缸）
P0430	触媒系统效率低于门槛值（第二列汽缸）
P0443	EVAP系统炭罐清除控制阀（Canister Purge Control Valve）电路故障
P0500	VSS故障
P0505	IAV系统故障
P0605	PCM-ROM检测故障
P0703	制动ON/OFF开关输入故障
P0707	驻车制动器操纵手柄位置（Manual Lever Position, MLP）传感器电路低输入
P0708	驻车制动器操纵手柄位置传感器电路高输入

六、OBD-II系统对与排放有关零件的要求

（1）在车辆使用期间，与排放有关的零件必须维持正常工作，此期间为10年或16万km（10万mile），以先到者为准，此要求适用美国加州及联邦地区的车辆，见表5-2。在美国政府核准销售之前，每一汽车厂都必须保证其排放系统能持续正常运作，符合表中美国立法的规定。

OBD-II对与排放有关零件的要求内容　　　　表5-2

联邦	2年/24 000 mile（38 400 km）	与排放有关的零件
	8年/80 000 mile（128 000 km）	与排放有关的主要零件： （1）三元催化转换器 （2）PCM
加州	2年/50 000 mile（80 000 km）	与排放有关的零件
	7年/70 000 mile（112 000 km）	在保证内容中有提及的高单价零件

（2）CARB监视整个美国加州地区数个经销商排放系统的维修情形，如果特定的故障元件或系统超过车辆取样数的4%时，制造商必须找出其原因。若故障率（Failure Rate）不是车主的疏忽或误用，则4%的故障率可能导致车辆召回（Recall），美国联邦政府也采用相同的方式。

5.3　OBD-III 系统

（1）CARB从1994年起就开始进行测试规划，由于系统非常先进，且牵涉法律及道德问题，预计在21世纪初期开始实施。

（2）从OBD-II进展到OBD-III，主要的改变集中在大气保护法的强制性。目前的OBD系统，车主能延迟与废气排放有关故障元件或系统的维修，而OBD-III系统的设计，会强迫车主在一定时间内到修理厂检修相关的故障。

（3）若这种强制性的法律通过，则车上发射器（On-Board Transmitter）会送出有关排放系统的信息，此数据可由路边读取器（Roadside Reader）、本地网络（Local Station Network）或卫星接收，然后车主将收到指出问题的邮件，并要求在一定时间内排除故障，一旦故障排除完毕，车主必须送出维修证明至美国州政府的车辆管理部门。

（4）由以上的叙述可知，要实施OBD-III系统的规定，必须借助许多新科技才能实现，而且实施的成本比较高。

一、判断题

1. 所谓OBD，即是车上诊断系统。（　）
2. OBD-I系统的监测项目少且敏感度较差，故已被OBD-II系统所取代。（　）
3. OBD-I系统无法以扫描器显示DTC。（　）
4. OBD-II系统尚未将各汽车制造厂间的DLC、基本诊断设备及诊断程序标准化。（　）
5. OBD-III系统的设计，会逼使车主在一定时间内到维修厂检修与废气排放有关的故障元件。（　）

二、选择题

1. OBD-I系统的DLC为_____端子式。（　）
   （A）6　　　（B）8　　　（C）12　　　（D）16
2. VIN表示_____。（　）
   （A）车辆识别码　　　（B）检查发动机
   （C）诊断故障码　　　（D）数据连接插头
3. 全美国，从_____车型年起，所有汽车都必须符合联邦OBD-II标准。（　）
   （A）1990　　（B）1994　　（C）1996　　（D）1998
4. OBD-系统的DLC位在_____。（　）
   （A）发动机舱蓄电池旁　　　（B）驾驶室后座椅下方
   （C）仪表板下方接近转向柱处　（D）行李舱内
5. OBD-II系统的DLC为_____端子式。（　）
   （A）12　　　（B）16　　　（C）20　　　（D）24

三、简答题

1. OBD-I系统的诊断能力有哪种限制？

2. OBD-I系统利用哪些方法显示DTC？
3. OBD-II系统的功能是什么？
4. OBD-II系统的目标是什么？
5. OBD-III系统的特点是什么？

第6章

汽油喷射系统检修

- 6.1　FLUKE 98 II综合测试器的使用
- 6.2　汽油喷射系统检修

6.1 FLUKE 98 II综合测试器的使用

工 作 单

单元名称	FLUKE 98 II 综合测试器的使用	编号		时数	

(1) FLUKE 98 II综合测试器，如图6-1所示。

(2) 模拟式空气流量计的测试结果，如图6-2所示。

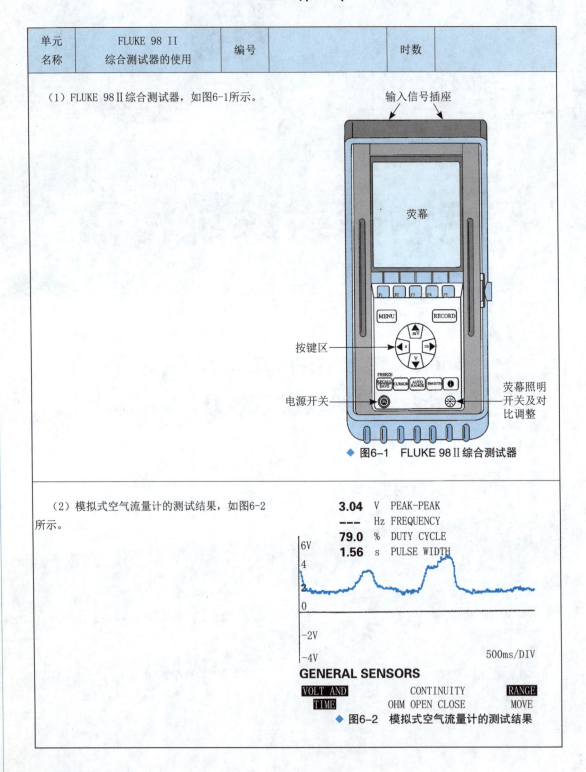

◆ 图6-1 FLUKE 98 II综合测试器

◆ 图6-2 模拟式空气流量计的测试结果

（3）数字式空气流量计的测试结果，如图6-3所示。

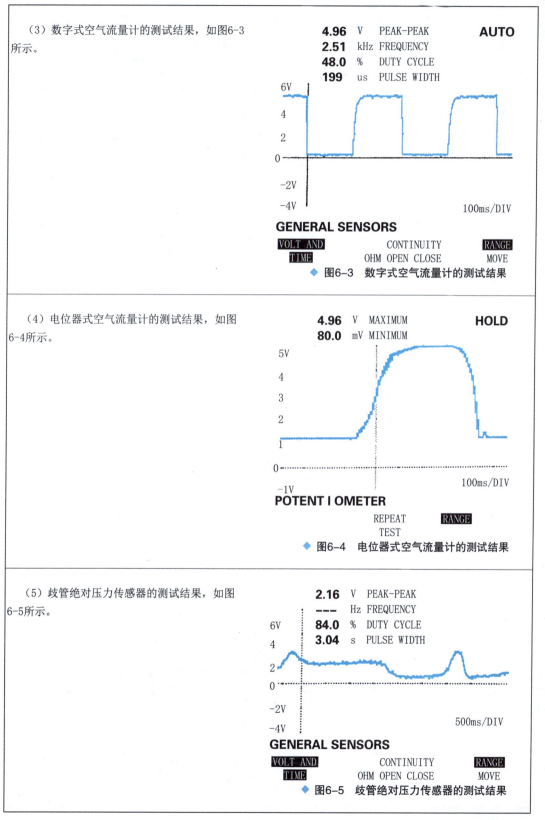

◆ 图6-3　数字式空气流量计的测试结果

（4）电位器式空气流量计的测试结果，如图6-4所示。

◆ 图6-4　电位器式空气流量计的测试结果

（5）歧管绝对压力传感器的测试结果，如图6-5所示。

◆ 图6-5　歧管绝对压力传感器的测试结果

(6) 电位器式TP传感器的测试结果，如图6-6所示。

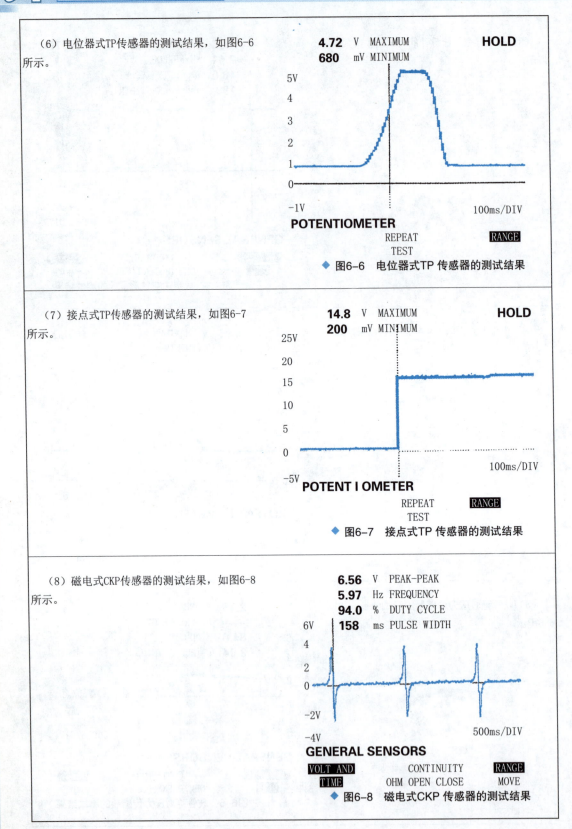

◆ 图6-6 电位器式TP 传感器的测试结果

(7) 接点式TP传感器的测试结果，如图6-7所示。

◆ 图6-7 接点式TP 传感器的测试结果

(8) 磁电式CKP传感器的测试结果，如图6-8所示。

◆ 图6-8 磁电式CKP 传感器的测试结果

(9)霍尔效应式CKP传感器的测试结果,如图6-9所示。

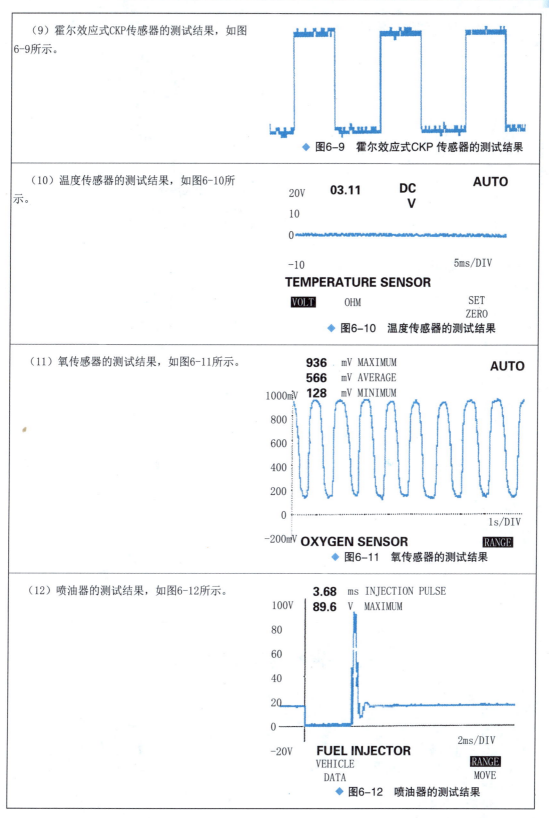

◆ 图6-9 霍尔效应式CKP传感器的测试结果

(10)温度传感器的测试结果,如图6-10所示。

◆ 图6-10 温度传感器的测试结果

(11)氧传感器的测试结果,如图6-11所示。

◆ 图6-11 氧传感器的测试结果

(12)喷油器的测试结果,如图6-12所示。

◆ 图6-12 喷油器的测试结果

（13）怠速空气控制阀的测试结果，如图6-13所示。

▶ 图6-13　怠速空气控制阀的测试结果

（14）不同车型怠速空气控制阀的测试结果，如图6-14所示。

▶ 图6-14　不同车型怠速空气控制阀的测试结果（一）

（15）不同车型怠速空气控制阀的测试结果，如图6-15所示。

▶ 图6-15　不同车型怠速空气控制阀的测试结果（二）

（16）不同车型怠速空气控制阀的测试结果，如图6-16所示。

▶ 图6-16　不同车型怠速空气控制阀的测试结果（三）

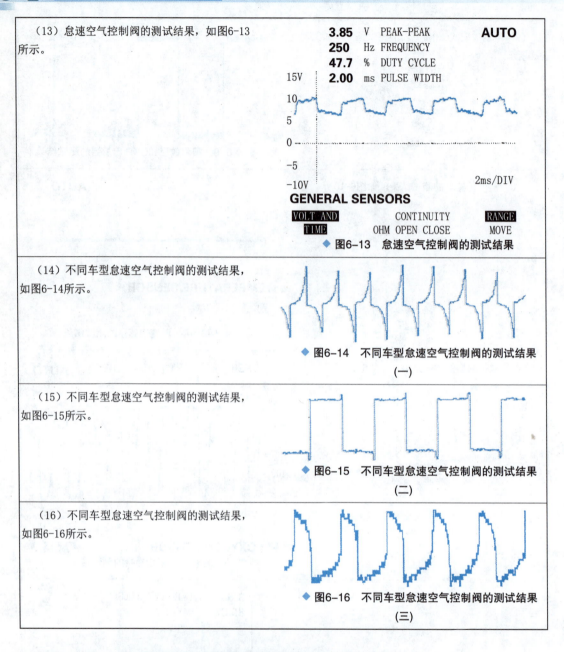

6.2　汽油喷射系统检修

工　作　单

单元名称	汽油喷射系统检修	编号		时数	

一、准备

（1）使用架上发动机。

（2）使用车辆时，两侧叶子板必须装上护罩，变速杆置于"N"或"P"位置，并拉起驻车制动器操纵手柄。

二、空气系统检修

1. 节气门体检修

（1）检查节气门及节气门体周围积垢时，将旁通孔塞住，喷射清洗剂，如图6-17所示，并用压缩空气吹净。

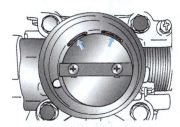

◆ 图6-17 节气门体检修

（2）起动发动机，加速运转几次后以怠速运转约1min。如果因为旁通孔被堵，而导致怠速不稳或发动机熄火，可稍微开启一点节气门，让发动机以较高的转速运转。

（3）发动机在停止时，将节气门自全关转动至全开，检查节气门转动是否顺畅。

2. 空气阀检查（以丰田汽车为例）

（1）当冷却液温度低于80℃时，将通道口封闭，如图6-18所示，发动机转速应下降。

（2）当发动机温热后，将通道口封闭时，发动机转速下降不能超过100r/min。

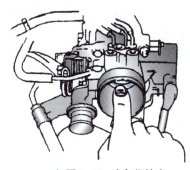

◆ 图6-18 空气阀检查

3. 怠速空气控制（IAC）阀的检查

（1）电磁阀式（以福特汽车为例）。

①起动发动机至工作温度。

②在怠速时拆开IAC阀插头，如图6-19所示，当发动机转速达1200r/min时，检查是否有"咔哒"的声音。

③若拉开插头时发动机转速没有变化，则IAC阀必须换新。

◆ 图6-19 拆开IAC阀插头

④在发动机停止时，拆开IAC阀插头，检查IAC阀的电阻，如图6-20所示。

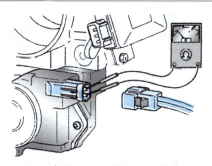

◆ 图6-20 检查IAC阀的电阻

(2) 步进电动机式（以三菱汽车为例）。

①检查动作声音。

a. 确认冷却液温度低于20℃，若冷却液温度高于20℃，则接上显示低于20℃的替代冷却液温度传感器。

b. 点火开关转到ON，但不起动发动机，应可听到步进电动机工作的声音，如图6-21所示。

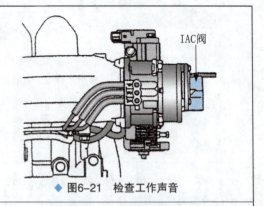

◆ 图6-21 检查工作声音

②检查线圈的电阻。

a. 拆下IAC阀的接头。

b. 检查端子2与端子1间及端子2与端子3间的电阻，如图6-22所示。

c. 检查端子5与端子6间及端子5与端子4间的电阻。

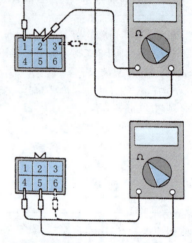

◆ 图6-22 检查线圈的电阻

三、燃油系统检修

1. 燃油泵检查

（1）一般检查（以丰田汽车为例）。

①使用跨接线将诊断插头的燃油泵端子跨接，如图6-23所示。

②点火开关转至ON。

③检查燃油泵是否动作。因燃油泵是装在油箱内，故可打开加油口盖以检查燃油泵是否有动作声。

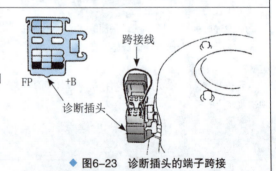

◆ 图6-23 诊断插头的端子跨接

④或以手指压住油管，以感觉有无油压，如图6-24所示。

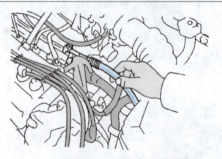

◆ 图6-24 以手指压住油管

(2)燃油泵最大压力检查（以福特汽车为例）。

①先释放燃油管内压力。

a.取下燃油泵熔断器，或拆开至燃油泵的电源插头。

b.起动发动机至发动机熄火。

②如图6-25所示，将燃油压力表接在主油路上，其中一端塞住，并将固定夹锁紧。

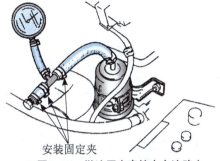

◆ 图6-25 燃油压力表接在主油路上

③如图6-26所示，诊断插头上端子以跨接线跨接。

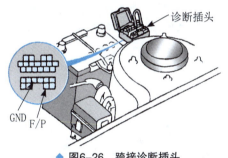

◆ 图6-26 跨接诊断插头

④点火开关转至ON，使燃油泵工作。

⑤检查燃油压力表上读数，不合规格时，燃油泵必须换新。燃油泵最大压力为4.5～6.0kgf/cm^2（1kgf/cm^2=0.098 066 5MPa）。

注意：不同车型时，请查阅维修手册。

(3)燃油泵保持压力检查。

a.前三个步骤与燃油泵最大压力检查相同。

b.点火开关转至ON，使燃油泵工作10s。

c.接着点火开关OFF，取下跨接线。

d.等待5min后，检查燃油压力表上读数，不合规格时，燃油泵必须换新。燃油泵保持压力为3.5kgf/cm^2。

2.燃油压力检查（以三菱汽车为例）

(1)先释放燃油管内的压力。

(2)拆开供油管侧的燃油管，如图6-27所示。注意：

①拆开油管接头时，由于仍有少量残油，故应以擦拭纸垫在接头下方。

②不同车型或不同喷射系统时，安装燃油压力表的位置稍有差异，请查阅维修手册。

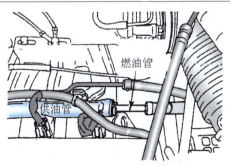

◆ 图6-27 拆开供油管侧的燃油管

（3）装上燃油压力表，如图6-28所示。各接头处应使用O形圈或垫片，并装用油管夹。

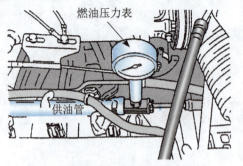

◆ 图6-28 装上燃油压力表

（4）在诊断插头处跨接燃油泵端子，使燃油泵工作，以检查燃油压力表各接头处是否漏油。若无，拆下跨接线。

（5）起动发动机保持怠速运转，检查怠速时的燃油压力。怠速时燃油压力为 $2.7 kgf/cm^2$。

（6）拉开压力调节器的真空软管，以手指塞住，检查此时的燃油压力，如图6-29所示。拉开压力调节器真空软管时的燃油压力为 $3.3\sim 3.5 kgf/cm^2$。

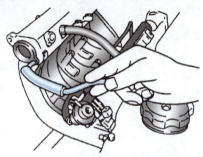

◆ 图6-29 手指塞住真空软管

（7）发动机加速数次后，确认燃油压力没有下降；并以手指轻触回油管，以感觉燃油应在流动。

（8）若燃油压力不合规格，则按表所示进行检修。

现象	可能原因	处置
燃油压力太低	①燃油泵送油压力太低；②燃油滤清器堵塞；③压力调节器阀座或弹簧不良，燃油拽至回油管	①更换燃油泵；②更换燃油滤清器；③更换压力调节器
燃油压力太高	①压力调节器阀门粘住；②回油管堵塞	①更换压力调节器；②清洁或更换回油管
拆下及装回压力调节器软管时，燃油压力均不变	真空软管破损或接头堵塞	更换真空软管或清洁接头

3. 压力调节器检查（以福特汽车为例）

（1）本项检查与上述燃油压力检查相同，但多做一项保持压力的检查。

（2）释放燃油管内压力。

（3）装上燃油压力表，如图6-30所示。

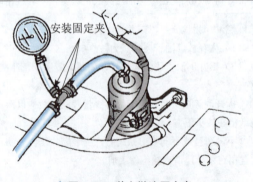

◆ 图6-30 装上燃油压力表

（4）起动发动机以怠速运转，检查燃油压力。怠速时燃油压力为 2.1～2.6kgf/cm²。

注意：不同车型时燃油压力值稍有差异，请查阅维修手册。

（5）拉开压力调节器的真空软管并塞住，检查此时的燃油压力。拉开压力调节器真空软管时之燃油压力为 2.7～3.2kgf/cm²。

（6）保持压力检查。

①发动机熄火，在诊断插头处将燃油泵端子与搭铁跨接，如图6-31所示。

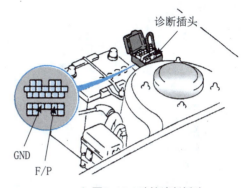

图6-31　跨接诊断插头

②点火开关ON，使燃油泵工作10s后，关闭点火开关，并使用钳子夹住回油管。

③等待5min后，检查保持压力。燃油保持压力为1.5kgf/cm²以上。

④保持压力不合规定时，应更换压力调节器。

4. 喷油器检查（以福特汽车为例）

（1）工作检查。

①发动机温热后，以怠速运转。

②使用听诊器检查各喷油器工作时的声音，如图6-32所示。

③喷油器工作时的声音，应随发动机转速的升高成一定比例上升。

图6-32　检查各喷油器工作时的声音

④无听诊器时，可以螺丝刀替代，或用手指轻触喷油器检查，如图6-33所示。

⑤若喷油器没有工作，应检查喷油器电阻、插头及ECM送来的信号。

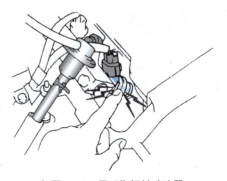

图6-33　用手指轻触喷油器

（2）喷油量检查。
①先释放燃油管内压力。
②将供油管、压力调节器及各缸喷油器拆下，并用线将各缸喷油器固定在供油管上，如图6-34所示。

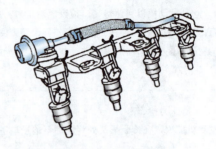
◆ 图6-34 拆下各零件

③将诊断插头的燃油泵端子与搭铁跨接，并将点火开关转至ON。
④使用特殊跨接线将蓄电池与喷油器跨接，并以透明刻度容器承接汽油，如图6-35所示。
注意：不同车型的规格均不相同，请查阅维修手册。

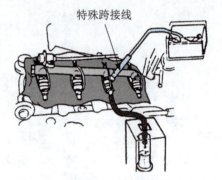
◆ 图6-35 喷油量检查

（3）泄漏检查。
①如上述拆下供油管、压力调节器及各缸喷油器。
②使燃油泵作用。
③将喷油器倾斜约60°，如图6-36所示，确定无汽油从喷口漏出。
④每分钟一滴以下的漏油情形为可允许的范围。

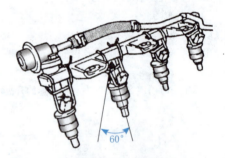
◆ 图6-36 泄漏检查

四、电子系统检修
1.空气流量计检查
（1）MAF型（以福特汽车为例）。
①检查流量计本体是否有裂痕。
②检查翼板动作是否顺畅，如图6-37所示。

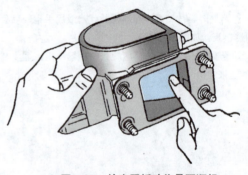
◆ 图6-37 检查翼板动作是否顺畅

③拆开导线插座，检查空气流量计各端子间的电阻，如图6-38所示。

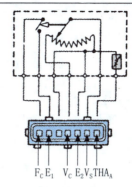

图6-38 检查空气流量计各端子间的电阻

④拆开导线插座，检查空气流量计各端子间的电阻，结果如表所示。

端　子	电　阻（Ω）	
	全关	全开
$E_2 \leftrightarrow V_S$	200～600	20～1200
$E_2 \leftrightarrow V_C$	200～400	
$E_2 \leftrightarrow THA_A$ 进气温度传感器	-20℃(-4℉)：13.6～18.4kΩ 20℃(68℉)：2.21～2.69kΩ 60℃(140℉)：493～667kΩ	
$E_1 \leftrightarrow F_C$	∞	0

（2）MAP型（以丰田汽车为例）。

①检查歧管绝对压力传感器电源电压，如图6-39所示，点火开关转至ON时，测量VCC与E2间的电压。电源电压为4～6V。

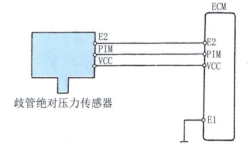

图6-39 检查歧管绝对压力传感器电源电压

②检查歧管绝对压力传感器输出电压。

a. 拆开传感器的真空软管，接上真空枪。

b. 点火开关转至ON。

c. 利用真空枪，将真空值由100mmHg逐渐改变至500mmHg（1mmHg=133.322Pa）。

d. 用电压表检查PIM与E2间的电压变化，如图6-40所示。

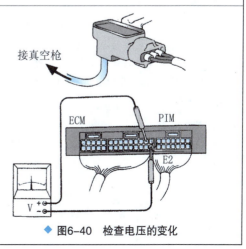

图6-40 检查电压的变化

e. 以电压表检查PIM与E2间的电压变化，结果如表所示。

作用之真空 mmHg(in Hg)	100(3.94)	200(7.87)	300(11.81)	400(15.75)	500(19.69)
输出电压(V)	0.3~0.5	0.7~0.9	1.1~1.3	1.5~1.7	1.9~2.1

2. 进气温度传感器检查（以丰田汽车为例）

（1）拆开进气温度传感器的线路插头。

（2）使用欧姆表测量端子间的电阻，如图6-41所示。

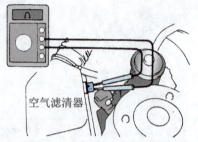

◆ 图6-41　欧姆表测量端子间的电阻

（3）使用欧姆表测量端子间的电阻，电阻值的变化如图6-42所示。

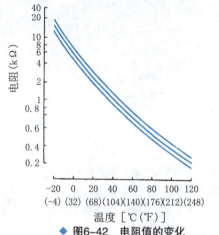

◆ 图6-42　电阻值的变化

3. 节气门位置传感器（TPS）检查（以福特汽车为例）

（1）检查导通性。

①将TPS的插头拆开。

②在IDL与E端子间接上欧姆表，如图6-43所示。

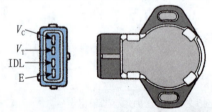

◆ 图6-43　IDL与E端子间接上欧姆表

③在节气门杆与调整螺钉间放入塞尺，如图6-44所示。0.1mm厚度时，欧姆表应导通；0.6mm厚度时，欧姆表应不导通。

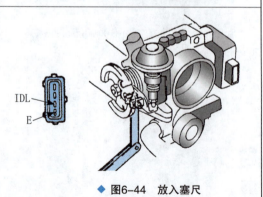

◆ 图6-44　放入塞尺

(2) 检查电阻值。

①在VT与E端子间接上欧姆表。

②逐渐打开节气门，检查电阻值是否成线性增加，如图6-45所示。

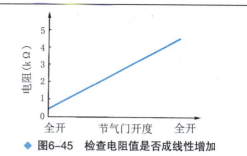

◆ 图6-45 检查电阻值是否成线性增加

4. 冷却液温度传感器检查（以丰田汽车为例）

(1) 拆开冷却液温度传感器的线路插头。

(2) 使用欧姆表测量端子间的电阻，如图6-46所示。

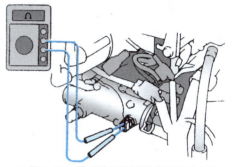

◆ 图6-46 使用欧姆表测量端子间的电阻

(3) 使用欧姆表测量端子间的电阻，电阻值的变化如图6-47所示。

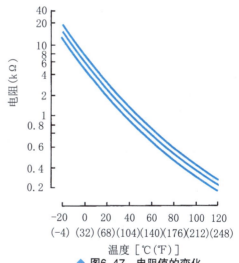

◆ 图6-47 电阻值的变化

5. 氧传感器检查（以福特汽车为例）

(1) 发动机加热至正常工作温度，以怠速运转。

(2) 拆开氧传感器接头，接上电压表，如图6-48所示。

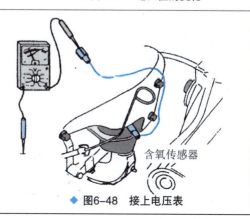

◆ 图6-48 接上电压表

(3) 加减发动机转速数次后，检查加减速时电压的变化。

(4) 氧传感器若有三条线时，其中二条为加热器导线。

6. 主继电器检查（以丰田汽车为例）

(1) 使用欧姆表检查主继电器插座的端子，其中3端子与4端子间应导通，1端子与2端子间应不导通，如图6-49所示。

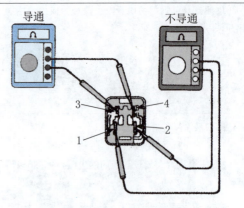

◆ 图6-49　主继电器检查(一)

(2) 蓄电池与3端子、4端子间接通时，检查1端子、2端子间应导通，如图6-50所示。

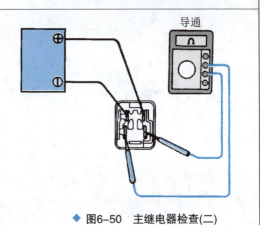

◆ 图6-50　主继电器检查(二)